K. F. von Justin

Sechster Feldzug

K. F. von Justin

Sechster Feldzug

ISBN/EAN: 9783742892782

Hergestellt in Europa, USA, Kanada, Australien, Japan

Cover: Foto ©ninafisch / pixelio.de

Manufactured and distributed by brebook publishing software (www.brebook.com)

K. F. von Justin

Sechster Feldzug

Geschichte

des,

durch die

Französische Revolution,

zwischen dem größten Theile der Europäischen Mächte und der Französischen Nation,

veranlaßten Krieges.

Sechster Feldzug, oder Theil,

die Kriegsbegebenheiten, welche im Jahre 1797 zu Lande und zu Wasser vorgefallen sind, ingleichen die in diesen Zeitpunkt fallenden Verträge und Friedensschlüsse, hauptsächlich die Präliminarien von Göß (Leyben) und den definitiv Traktat zu Campo Formido enthaltend.

Von

K. F. von Justin,

der Kayserlichen Franziszischen Reichsakademie Rath und Ehrenmitglied.

Mit allergnädigstem Kais. Druckprivilegio.

Regensburg, 1798.

Teutschland war, durch die Tapferkeit des Erzherzogs Karl, zu Ende des vorigen Feldzugs gerettet, das rechte Rheinufer vom Feinde befreyt, Kehl und Hüningen erobert und der Neuwieder Brückenkopf von den Franzosen geräumt worden. Die beederseitigen Armeen am Ober- und Niederrhein bezogen hierauf ruhige Winterquartiere. Nicht so war es in Italien: dort dauerte der Kampf in ununterbrochener Anstrengung und zum Nachtheile der Kais. Königl. Armee fort. Die Uebermacht des Feindes war so groß, daß Erzherzog Karl mit einem großen Theile der Rheinarmeen den bedrohten Erbstaaten des Hauses Oesterreich zu Hilfe zu eilen und das Kommando der italienischen Armee zu übernehmen befehligt wurde. Durch diesen Abgang waren die Heere am Rhein sehr geschwächt. Die K. K. Niederrhein Armee unter Kommando des bereits aus den vorigen Theilen dieser Geschichte rühmlich bekannten Generalfeldmarschall-Lieutenants **B. Werneck** betrug nur 25000 Mann, und die am Oberrheine unter F. Z. M. **Latour** und F. M. L. **Stzarrai** etwa 36000. Dagegen waren die Franzosen während des Winters aus dem Innern Frankreichs, bis von der Vendee, wo der bürgerliche Krieg geendigt war, auch durch die in holländischen Sold stehenden Truppen, dergestalten verstärkt worden, daß ihr Heer am Niederrhein 65000, am Oberrheine aber über 70000 Mann zählte. **Ersteres** führte der aus dem Vendee-Krieg bekannte Gen. **Hoche** *), welcher kurz vorher von der berüchtigten Expedition gegen Irrland (man sehe den 5ten Theil d. Ges. S. 138 f.) zurückgekommen war, **letzteres** aber Gen. **Moreau**, so wie im vorigen Feldzuge, an. Der Plan des Pariser Direktoriums war: daß, während Buonaparte von der Seite von Italien her ins Innere von Oesterreich vordrang, die französis. Rhein-armeen

*) Hoche, war 1784 noch gemeiner Soldat, stieg durch alle Grade und war 1793 Divisions-General, wurde 1794 Chef der Moselarmee, kam nachher in Arrest und aus diesem wurde er kommandierender General bey Brest und Cherbourg; bekommt 1795 auf Quiberon die Emigranten gefangen, endigt den blutigen Krieg in der Vendee glücklich, und wurde nun Chef der Sambre und Maasarmee, starb aber, nach eingestellten Feindseligkeiten durch die Präliminarien zu Göß, am 19. Sept. 1797 in seinem Hauptquartier zu Wetzlar.

armeen durch Teutschland ebenfalls ins Herz der österreichischen Erbstaaten einbrechen sollten. Die Vorkehrungen wurden äußerst beschleunigt und als man sich stark genug glaubte, **kündigte Hoche am 13ten April den Waffenstillstand auf**, so daß nach 3 Tagen, der Convention gemäß, die Feindseligkeiten wieder anfangen mußten. Der K. K. kommand. Gen. Werneck suchte sich bey der Uebermacht des Feindes in eine solche Verfassung zu setzen, durch welche er demselben die Spitze biethen könnte; er wollte seine ganze Macht vereinigen und mit dieser über eine der feindlichen Kolonnen nach der andern herfallen, ehe sie sich, nach dem vorausgesehenen, unmittelbar darauf erfolgten Rheinübergang, vereinigen könnten. Letzterer geschah am 17. Apr. Nachts zu gleicher Zeit bey Kölln, Bonn und Neuwied; am letzteren Orte 35000 Mann stark. Der K. K. kommand. General Werneck hatte seinen rechten Flügel bey Neukirchen und den linken bey Dierdorf am 16. zusammen gezogen, auch ein Detachement bey Siegen aufgestellt. Er war mit dem General Kray überein gekommen, das Thal von **Neuwied** mit 8 Compagnien leichter Truppen, 3 Bataillons und 6 Eskadronen zu besetzen, um dem Feinde glauben zu machen, man wolle jenen Posten vertheidigen, in der That aber sollte man unter Begünstigung der Nacht Neuwied ganz verlassen und sich gegen die über Uckerrath und Altenkirchen vordringende französische Kolonne wenden, dieselbe

selbe in der Flanke angreifen, und wenn diese geschlagen seyn würde, durch einen Seitenmarsch sich dem von Neuwied anziehenden Feinde entgegen stellen, ehe sich die verschiedenen feindlichen Kolonnen vereinigen könnten. Zu mehrerer Sicherheit des Angrifs sollte sich General Kray mit dem linken Flügel der Armee bey Dierdorf vereinigen und mit selbem zum Hauptkorps stossen, und General Werneck ließ den rechten Flügel am 17. nach Marienburg und am 18. April nach Crobach ziehen, um dem Angrifspunkte näher zu seyn. Man war noch immer wegen eines Waffenstillstandes in Unterhandlung und Gen. Kray hatte mit Hoche am 18. April früh noch eine Unterredung, welche letzterer aber dazu benutzte, seine Truppen durch den Brückenkopf bey Neuwied zu ziehen, und in Schlachtordnung zu stellen. Da seine Absicht erreicht war, machte er Forderungen, (wie z. E. die Räumung der Lahn und von Ehrenbreitstein) die man von kaiserlicher Seite unmöglich zugestehen konnte, und so brach er die Unterhandlung plötzlich ab, und beorderte die Truppen zum Angrif. Gen. Kray konnte die Mannschaft nicht mehr unbemerkt aus den ausgedehnten Verschanzungen ziehen, und das schnelle Vordringen des Feindes setzte die oben bemerkte Mannschaft in den Neuwieder Redouten in die Nothwendigkeit, sich in höchst ungleichen Kampf einzulassen. Der Feind gesteht selbst, daß die Teutschen tapfer fochten, aber die Zahl war zu ungleich. Von allen Sei-

ten

ren umringt und verfolgt, wurde die Infanterie in den ausgedehnten Verschanzungen großen Theils ein Opfer ihrer unglücklichen Lage und des Terrains, auch giengen mehrere Artillerie Stücke verloren. Der Verlust auf kaiserlicher Seite, mit Gefangenen, betrug gegen 2000 Mann, die übrigen retteten sich durch Umwege. Unmittelbar darauf beorderte Hoche den General Lefebre mit 2 Divisionen nach Montebaur, Gen. Grenier marschirte mit dem Zentrum nach Dierdorf und General Championet nach Uckerrath und Altenkirchen. Hierdurch war der K. Gen. Kray mit dem andern Theile seines Korps von der Hauptarmee abgeschnitten und der Feind griff den linken österreichischen Flügel bey Dierdorf an. Dieser hatte alle Tapferkeit zu seiner Vertheidigung nöthig und konnte daher, dem Plane gemäß, unmöglich vorrücken, sich mit dem rechten Flügel vereinigen und den von Uckerrath bis Altenkirchen vorgedrungenen Feind angreifen, und so mußte auch der rechte Flügel alle Kräfte aufbieten, durch die feindliche Uebermacht nicht umzingelt zu werden und sich in der Stellung bey Crobach zu erhalten. Beyde Flügel vereinigten sich in der darauf folgenden Nacht und retirirten über Hachenburg nach Neukirchen. Allein am 19. erfuhr General Werneck, daß der feindliche Gen. Lefevre in Limburg an der Lahn eingerückt sey und solchergestalt den Rückzug der österreichischen Armee bedrohe, daher brach derselbe noch in der Nacht auf den 20. auf, und gieng über Hörborn

born nach Wetzlar. Die Franzosen folgten unmittelbar, griffen die österreichische Arriergarde an, und nöthigten sie bis in den Wald vor Roth zu weichen. In der Hitze der Verfolgung fielen sie aber in einen Hinterhalt von 2 Bataillons, wurden in Unordnung gebracht, und von der herbeygeeilten Kavallerie gänzlich geworfen, worauf die Armee in dem Rückzuge bis Wetzlar nicht weiter beunruhiget wurde. Ein anderes Corps, welches sich gegen Braunfels wendete, fand den Posten schon durch den General Grenier von einer ganzen Division besetzt, griff solche aber mit dem Bajonette an, und eroberte Braunfels. Mittlerweile hatte Lefevre seinen Marsch schleunigst über Königstein gegen Frankfurt fortgesetzt, ein anderes Corps stand zu Usingen, und General Hoche selbst marschierte mit der Hauptarmee auf Giesen zu. General Wernek wurde dadurch veranlaßet die Armee von Wetzlar, Braunfels und Giesen nach Münzenberg und Butzbach in Marsch zu setzen. Die Brigade des General Elsnitz wurde dabey von dem größten Theile der französischen Armee angegriffen, General Wernek kam aber mit seiner Cavallerie zu Hülfe, schlug den Feind, eroberte einige Kanonen, und machte einige 100 Franzosen, worunter General Ney zu Gefangenen. Am 22 April setzte die österreichische Armee den Marsch über Ilbenstadt fort und postirte sich hinter die Nidda. Hier gieng die Nachricht ein, daß General Lefevre gegen

Frank-

Frankfurt *) im Anzuge sey, und die Stellung bey Bergen zu gewinnen suche. General Werneck ließ sogleich die Kavallerie vorrücken, und vertrieb den Feind glücklich von den Anhöhen von Bergen, welche er schon inne hatte. Er war eben im Begriff seinen Vortheil zu verfolgen, als ein Courier die Nachricht von den am $\frac{17}{18}$ April zu Göß abgeschlossenen **Friedens-Präliminarien** überbrachte, wovon das Umständlichere bey dem Artikel von Italien vorkommt. Die bereits angefangene Schlacht, worinn sich der Sieg auf deutsche Seite zu neigen schien, hörte alsbald auf, und die Feindseligkeiten wurden eingestellt. General Kray und Lefevre traten am 23 — 24. zusammen und schlossen am 25. Apr. im Namen der beederseitigen kommandirenden Generale eine einstweilige Uebereinkunft, in welcher, **da die Präliminarien von Göß auch das deutsche Reich mit in sich begriffen,** der Waffenstillstand **) bis auf weitere Befehle regu-

*) Die Friedensbothschaft kam zur glücklichsten Zeit für Frankfurt an. Einige Stunden später wäre es villeicht in Französischen Händen gewesen. Schon drängte der Feind die schwachen Kaiserlichen bis an die Thore zurück. Der Commandant Baron Milius brachte die Friedensbothschaft zuerst zum Französischen General Lefevre. Der Verlust der Franzosen in den angeführten Gefechten, wird auf 3000 Mann angegeben; der Kaiserliche an Todten und Verwundeten war geringer.

**) Es wurde 4 tägige Aufkündigung desselben, falls die

regulirt, die Stellung der beederseitigen Armeen ausgemacht, und die Nidda als Scheidewand zwischen den Armeen festgesetzt wurde. Das k. k. Hauptquartier kam erst nach Offenbach, hernach nach Frankfurt, das französische war in Friedberg. So blieb es, bis hernach das Resultat des Heidelberger Congresses, wovon bald die Rede seyn wird, eine Aenderung der Stellungen veranlaßte.

Dem

die Ratifikation der Präliminarien in Paris und Wien nicht erfolgen sollte, ausgemacht, und die Ravitaillirung von Ehrenbreitstein aus Maynz ꝛc. von 8 zu 8 Tagen festgesetzt. Der Postenlauf wurde freygegeben und von französischer Seite die Erleichterung der Lande, worinn sie standen, versprochen. Aber Hoche war, wie immer geschehen, ohne Geld, ohne Magazine über den Rhein gegangen und mußte seine Armee nun auf teutsche Kosten erhalten, die öfteren Vorstellungen des Gen. Werneck wegen der enormen Requisitionen und Contributionen blieben daher ohne Erfolg. Graf Spork, welcher das Kommando der K. K. Armee, statt des Gen. Werneck, in der Folge erhielt, setzte seine Bemühungen eben so fruchtlos fort, und so wurden die teutschen Lande, mitten im Waffenstillstand, bey den theuersten Versicherungen von Friedenswunsch, und während man am definitiv Frieden arbeitete, ärger mitgenommen als mitten im Kriege. Alle Reklamationen waren fruchtlos. Die Franzosen setzten ihr Völkerrechtswidriges Benehmen in der That fort, während sie mit Worten das größte Verlangen nach Frieden affektirten. Ausser Requisitionen und Contributionen lebten sie noch obendrein auf des Landmanns Kosten.

Dem Plane des Direktoriums zu Folge, wovon oben Erwähnung geschehen, gieng Gen. **Moreau** am **Oberrhein**, während Hoche am Niederrhein vordrang, am 20ten April an mehreren Orten zugleich, 70000 Mann stark, mit der Hauptmacht aber unterhalb **Strasburg** bey Diersheim, über den Rhein. Sie setzten sich in den obschon demolirten Vestungswerken von Kehl fest. Die kaiserlichen Truppen, obgleich schwach, griffen den Feind, welcher Anfangs noch wenig Geschütz und Kavallerie hatte, muthig an, und schlugen ihn 4 mal nach Diersheim zurück, aber immer kamen frische Truppen über den Fluß herüber, und so konnten die Teutschen ihre Absicht nicht erreichen. In der Gegend von Bischofheim, Rengen und Offenburg fielen blutige Gefechte vor, worinn die Kaiserlichen mit solcher Tapferkeit fochten, daß Moreau selbst gestand, nur durch Uebermacht und immer frische Truppen habe er den Sieg erringen können. Hauptsächlich zeichnete sich der 21te April aus. Der tapfere F. M. L. Graf **Stzarrai** hatte in Eile etwa 20000 Mann zusammen gezogen und mit diesen griff er eine feindliche Macht von 40000 Mann an. Dreymal wurde der Feind geworfen, aber immer durch neue frische Truppen verstärkt, war es den Teutschen nicht möglich der großen französischen Uebermacht das einmal gewonnene Terrain wieder abzunehmen, um so mehr, als Stzarrai gleich Anfangs bey der Schlacht verwundet wurde, und die beyden andern

dern Generals, welche die Schlacht fortsetzten, nemlich Graf Orreilly und Jinmens gleiches Schicksal hatten, letzterer auch in der Gefangenschaft zu Strasburg an den Wunden starb. Die Schlacht war eine der blutigsten des ganzen Kriegs, die Zahl der Todten und Verwundeten auf beiden Seiten stieg über 10000. Die französischen Generale Desaix, Dühem und Jordis nebst einer Menge Offiziers wurde verwundet, 21 Kanonen wurden den Franzosen unbrauchbar gemacht. Hingegen büßten die Kaiserlichen mehrere Kanonen, einen Theil der Bagage und einige 100 Gefangene ein. Der kommandirende kaiserliche General Latour ließ sich durch den mißlungenen Ausgang des Treffens nicht abschrecken. Er wußte, daß das Schicksal eines großen Theiles von Teutschland davon abhieng, dem Feinde das weitere Vordringen zu verwehren, zog seine ganze Armee zusammen und war fest entschlossen, dem Feinde am 22. Apr. ein zweytes Treffen zu liefern. Der Angriff begann wirklich in der Gegend von Stollhofen; schon waren die Truppen im Gefechte, als die Bothschaft der Gößer Friedens-Präliminarien ankam, und auch am Oberrhein Ruhe, und Waffenstillstand geboth. Die beederseitigen Armeen blieben in den Positionen, welche sie innen hatten. Die Franzosen bey Offenburg und Kehl. Da es indessen dort an Subsistenz mangelte, so gieng in der Folge der größte Theil der französ. Armee über den Rhein zurück und nur ohngefehr 8000 blieben in der Gegend von Kehl.

Nach

Nach unterzeichneten Präliminarien in Göß verließ Erzherzog Karl das italienische Heer und eilte wieder zu den Rheinarmeen. Es wurde hierauf zu Anfang May der merkwürdige **Militärische Congreß zu Heidelberg** gehalten, wohin von beiden Mächten einige Generals und Staabsoffiziers kamen, um, während an dem definitiv Frieden gearbeitet wurde, das nöthige Reglement wegen des allgemeinen Waffenstillstands, dessen Linie, und der Stellung der Armeen zu verabreden. Dies ist jene Uebereinkunft, worauf man sich so oft in der Folge bey Besetzung von Maynz, der Einschliessung von Ehrenbreitstein ꝛc. berufen hat. Es wurde darinn 15 tägige Waffenstillstands Aufkündigung für die kaiserl. königl. und **Reichstruppen** stipulirt, die Ravitaillirung der Vestung Ehrenbreitstein von 8 — 8 Tagen ausgemacht, und bedungen, daß sich die Franzosen am Oberrhein hinter die Speyerbach ziehen, am Niederrhein aber hinter der Nidda bleiben, folglich nur das besetzen sollten, was sie bey Verkündigung des Waffenstillstands inne gehabt hatten, (**folglich also nicht die Gegend um Maynz ꝛc.**, man sehe weiter unten) die Truppen auf den rechten Rheinufer sollten vermindert und die Contributionen und Requisitionen eingestellt werden *). Wie wenig dieser Vertrag erfüllt worden, hat leider! die Folge

*) Dieses unterblieb ganz, und die Feinde lebten nach wie zuvor auf teutsche Kosten.

Folge bewiesen. Indessen zog Anfangs July wirklich die sogenannte französische Nordarmee nach Holland und ein großer Theil der Sambre und Maas oder niederrheinischen Armee über den Rhein nach Cölln, Bonn, Lüttich 2c. zurück. Nur einige Divisionen blieben disseits. Hoche's Hauptquartier kam nach Wetzlar. Von der Rhein und Moselarmee unter Moreau war ohnehin schon der größte Theil, wie oben gesagt worden, über den Rhein zurück gegangen und nur das Zentrum blieb disseits des Rheins von Lichtenau bis an den Kniebis. Moreau, welcher in die berüchtigte Revolution und den Sturz von Pichegrü und Barthelemy vom 4. Sept. (man s. w. unten) mit verwickelt wurde, verlor in der Folge das Kommando letzterer Armee, und Augereau, welcher unter Buonaparte in Italien gedient hatte, ersetzte ihn.

Erzherzog Karl verlegte sein Hauptquartier nach Schwetzingen, und hier blieb es bis zum Rückzuge der Oesterreicher hinter den Lech nach Bayern. Bey dem Vordringen der Franzosen am Ober- und Niederrhein hatten die k. k. Generale den Befehl gehabt, im Nothfalle vor der Uebermacht bis nach Wirzburg und Ulm zurück zu weichen, hier aber festen Fuß zu halten, und mit Unterstützung des in Franken und Schwaben aufgebotenen Landsturms die feindlichen Generale aufzuhalten, Buonaparte in seiner mißlichen Lage in Steyermark Luft zu machen. Nach geschlossenen Friedens-Präliminarien fielen nun

zwar

zwar jene Besorgnisse hinweg, allein dessen ohn- erachtet setzten Teutsche und Franzosen ihre Rü- stungen fort, um auf jeden Fall gefaßt zu seyn. Die kaiserlichen Regimenter wurden kompletirt, frische Truppen zogen nach Franken und an Rhein. In der Oberpfalz und Bayern sammel- ten sich frische Korps, die Befestigungen von Ingolstadt, Ulm und Wirzburg wurden mit größter Thätigkeit betrieben, Maynz mit Be- dürfnissen aller Art versehen und zu Anfang Sep- tember 3 Lager bey Schwetzingen, Ludwigsburg und Donaueschingen unter Kommando der Gene- rals Fürst Fürstenberg, Latour und Staader auf einige Zeit bezogen. Die Ungewißheit, worinn man war, ob der definitiv Friede, an welchem man zu Udine arbeitete, zu Stande kommen würde, machten diese Vorsichtsmaasregeln noth- wendig, so wie denn die Franzosen ihrer Seits auch nicht müßig waren. Endlich aber kam nach mancherley Schwierigkeiten am $\frac{17}{18}$ Okt. der wei- ter unten umständlich folgende definitiv Friedens- traktat zu Stande und dieser veränderte die Ge- stalt der Sachen gänzlich. Der König von Un- garn und Böhmen schloß Friede mit der franzö- sischen Republick, folglich konnten dessen Armeen nicht mehr zum Schutze des teutschen Reichs streiten, sondern giengen in die Erbstaaten zu- rück. Das Reich hatte indessen noch keinen Frie- den, sondern nur Waffenstillstand; als teutscher Reichsstand konnte der Kaiser jedoch noch immer, da desfalls im Frieden zu Campo Formido

nichts

nichts ausgemacht war, sein Contingent, wie auch geschah, bey der Reichsarmee belassen. Se. k. k. Maj. hatte der allgemeinen Reichsversammlung zu Regensburg durch ein Hofdekret vom 18. Junius 1797 den Abschluß der Gößer Präliminarien bekannt gemacht und ihr angezeigt, daß nicht allein das Reich in den Waffenstillstand mit begriffen, sondern auch bedungen worden sey, daß ein Congreß eröfnet und der Hauptfriede zwischen Deutschland und Frankreich auf die Basis der Integrität des Reichs abgeschlossen werden solle. Nachdem nun am 17. Okt. der definitiv Frieden zu Campo Formido vollends zu Stande gekommen war, zeigte Kayserl. Majestät dieses dem Reiche ebenfalls und zugleich an, daß in Gewißheit des Art. 20 des Traktats zum Congreßorte Rastadt *) beliebt und der Anfang des Congresses auf den 17. Nov. bestimmt sey. Die zu dem Ende schon im voraus ernannte Reichsdeputation eilte daher möglichst, um zugleich mit den Franz. Bevollmächtigten zur bestimmten Zeit, an Ort und Stelle zu seyn. Indessen verzog sich dieses doch bis Anfang Dezembers. Es wurde im Laufe des 1797 Jahrs außer Legitimationen wenig von Bedeutung mehr verhandelt, weswegen erst im folgenden Theile dieser Ge-

*) Der folgende Theil meines Werkes wird von diesem, bereits aus der ältern Geschichte bekannten Orte, umständlichere Erwähnung thun, auch Gelegenheit geben, die Namen derjenigen Staatsmänner, welche dem Congresse beywohnten, aufzuzeichnen.

Geschichte, um eine vollständige Uebersicht des Ganzen zu haben, die Verhandlungen dieses merkwürdigen Congresses im Zusammenhange vorgetragen werden.

Während man von Reichs wegen Deputirte nach Rastadt schikte, und Frankreich seine Friedensneigung mit Wortgepränge pries, blieben dessen Armeen doch immer auf deutschen Boden, und sogen die Reichslande aus. Waren diese Bedrückungen aber hart gewesen, so wurden sie es noch weit mehr nach dem Abzuge der K. K. Truppen vom Rhein. Buonaparte und Graf Cobenzl, welche den Frieden zu Campo Formido geschlossen hatten, kamen zu Ende Novembers in Rastadt zusammen und wechselten am 1. Dezember die Ratifikationen des Friedens-Instruments vom 17. Okt. aus. Bey dieser Gelegenheit wurde (öffentlichen Blättern zu Folge) die aus der Note ersichtliche merkwürdige Uebereinkunft *) geschlossen, aus welcher die nachgefolg-

*) In Vollziehung des zu Campo Formido geschlossenen Vertrags, und der noch hinzugekommenen Uebereinkunft, haben sich die Bevollmächtigten Sr. kaiserl. Majestät, Königes von Ungarn und Böhmen, und jene der französischen Republik mit den respectiven Generälen, welche die Truppenbewegungen zum Rückzuge zu leiten beauftragt sind, vereiniget; sind sodann über folgende Punkte miteinander übereingekommen, und haben sich selbe gegenseitig garantiret. — 1) Die Truppen Sr. k. k. Majestät, und jene des Reiches, die in kaiserl. Solde stehen, sollen

gefolgten Ereignisse in Deutschland sich größtentheils erklären lassen.

Die

len das Reichsgebiet dergestalt räumen, daß sie den 25. Dec. (5. Nivose) in den kaiserl. Erbstaaten und jenseits des Innflusses sich befinden. — 2) Das Contingent Sr. kaiserl. Majestät soll über den Lech zurückgehen, und in den Reichsfestungen nicht gebraucht werden können. — 3) Die österreichischen Truppen von der Maynzer Garnison sollen am 25. Dec. nicht mehr als 15000 Mann betragen können. — 4) Am nemlichen Tage wird die französische Armee die venetianischen Lande räumen, welche Se. kaiserl. Majestät in Besitz nehmen werden. — 5) 15000 Mann Franzosen bleiben in den ebengenannten venetianischen Landen, sowohl um in den verschiedenen festen Plätzen die Garnison zu machen, als auch um die Ordnung zu handhaben. 6) Den 20 Dec. werden die kaiserl. Truppen die Plätze Mannheim, Philippsburg, Ehrenbreitstein, Ulm, Ingolstadt und Würzburg geräumt haben, und sie denjenigen, denen sie gehören, wieder zustellen. Die Artillerie, und der Kriegs- und Mundvorrath, der noch jetzt in diesen Plätzen sich befindet, und Sr. Majestät dem Kaiser gehört, muß in diesem Zeitpunkte weggeschaft seyn. — 7) Die kaiserl. Truppen, Artillerie, Kriegs- und Mundvorrath werden aus der Stadt Maynz herausgebracht, so zwar, daß dies den 30. Dec. (10. Nivose) geschehen ist. — 8) Den 10. Dec. (20. Frim.) werden die französischen Truppen die Stadt Maynz einschließen, doch aber den österreichischen die Communicationen offen lassen. — 9) Noch vor dem 8. Dec. werden die kaiserl. Bevollmächtigten dem Reiche die Erklärung geben, daß ihr Souverain gesinnt sey, das Gebiet und die

Fe-

Die Folgen davon schienen sich bald an Tag zu legen. Am 7. Dezem. machte der Erzherzogl. Oester-

---

Festungen des Reiches räumen. — 10) Die kaiserl. Bevollmächtigten werden bey dem Churfürsten von Maynz, so wie auch bey dem Reiche ihre Verwendung eintretten lassen, daß die französischen Truppen während des Laufes der Unterhandlungen die Stadt Maynz besetzen, und den 30. Dec. (10. Nivose) eingezogen seyn können; und wenn der Churfürst oder das Reich ihre Einwilligung hiezu nicht geben wollten, so soll die franz. Repubiik befugt seyn, sie mit Gewalt dazu zu zwingen. — 11) Die französischen Generäle, welche die Truppen um Ehrenbreitstein kommandiren, werden den Oesterreichern, die diesen Platz räumen, auf ihrem Marsche alle Erleichterung verschaffen. Eben so werden sie den österreichischen Generälen mit Pferden, Schiffen, und anderen zum Transport der Artillerie, Kriegs- und Mundvorrath nöthigen Mitteln an Handen gehen. — 12) Die franz. und cisalpinischen Truppen werden den 30. Dec. (10. Nivose) Palma-nouva, Osoppo, Portolegnano, Verona nebst den beyden Kastelen, Venedig und das venetianische Gebiet bis an die Demarcationslinie räumen. — 13) Der kommandirende General der kaiserl. Truppen in Italien, und jener der französischen Truppen werden alle nöthige Maßregeln treffen, damit der 6. Artikel des Vertrags von Campo-Formido vollzogen werde. Beyde Generäle werden ebenfalls gemeinschaftlich alle Hindernisse zu heben suchen, die sich der den 30. Dec. (10. Niv.) durch die kaiserl. Truppen geschehenden Besitznahme der Länder und Festungen entgegen stellen könnten, in welche diese Truppen zufolge des genannten Artikels, so wie des 5. der

Oesterreichische Minister beym Friedens-Congreß Graf Lehrbach der Reichs-Deputation den Rückzug der k. k. Truppen bis aufs Contingent bekannt, — und wirklich verließ die Armee bald darauf die Rhein und Mayn Gegenden, setzte sich rückwerts in Bewegung und zwar mit einer ausserordentlichen Schnelligkeit, welche sich nur aus der oben erwehnten Convention erklären läßt. General Feldmarschall-Lieut. **Staader** erhielt das Commando der **Reichsarmee** und zog mit dem etl. 30000 Mann starken Oesterreichischen Contingent und den Reichstruppen nach **Baiern hinter den Lech**, die k. k. Corps verließen die Reichsvestungen mit Geschütz, Magazinen ꝛc. Ehrenbreitstein, Maynz, Mannheim, Philipsburg, Ulm, Würzburg wurde wieder von dem Militaire des Reichs besetzt und alle übrige Truppen des Kaysers giengen in die Erbstaaten zurück.

---

noch hinzugekommenen geheimen Uebereinkunft einrücken sollen. — 14) Wenn allenfalls in den Ländern und Festungen, welche die französische Armee in Italien räumet, französische Artillerie oder Magazine an Kriegs- und Mundvorrath in dem Augenblick der durch die Oesterreicher geschehenen Besitznahme zurückgeblieben seyn sollten, so soll zur Wegführung derselben alle Erleichterung und der nöthige Schutz gewährt werden.

Geschehen und unterzeichnet. Rastadt den 1. Dec. 1797. (11. Frim. im VI. Jahr der Republik.)

Buonaparte. Ludwig von Cobenzl.
Graf von Baillet de la Tour.
Graf von Meerfeld.

rück. *) Nun war das Reich sich selbst überlassen. So wie die Oesterreicher die Gegend von Maynz verließen, rückten die Franzosen immer näher hinzu, und so geschah es, daß, während feierlicher Waffenstillstand zwischen dem Reiche und Frankreich bestand, während man in Rastadt mit außerordentlichen Kostenaufwand wegen des Friedens, in Gemäßheit des k. Commissions Dekrets vom 18. Juni 1797 **auf die Integrität des Reichs** **) unterhandelte, die Franzosen in der That den Krieg fortsetzten. Letztere, ohne sich an die militarische Convention von Heidelberg, an die Waffenstillstandslinie, oder den 15 tägigen Aufkündigungs-Termin zu binden (s. S. 13.) bemeisterten sich, nicht nur der Länder auf dem **linken** Rheinufer, welche die Teutschen bisher besetzt hatten, sondern auch der Orte auf der **rechten** Rheinseite, welche **Maynz** umgeben; Oesterreich zog sein Geschütz, Truppen, u. Magazine heraus, und so stand diese **Vormauer des Reichs**, welche so viele Jahre lang und oft dem Feinde Widerstand geleistet und fürs Reich als erste Schutzwehr, von der ersten und äußersten Wichtigkeit ist, von allem entblößt da: mit ihrem Falle wurden die andern wenigen Grenzvestungen des Reichs

*) Das Condeeische Corps von Ausgewanderten wurde aus Oesterreichischen Diensten entlassen, trat in jene des Rußischen Kaisers und gieng nach Rußland.

**) Diesen Punkt der Gößer Friedens-Präliminarien läugneten aber die Franzosen in der Folge gar ab.

Reichs nur eine schwache Schutzwehr wider den Einfall eines mächtigen Nachbarn, — oder besser zu sagen, sie fielen von sich selbst hinweg, —. das Reich stand nun auf künftige Fälle offen. Aber die Politik wollte es einmal so! Vergebens protestirte der würdige Maynzische Minister Bar. Albini zu Rastadt. Schon am 17. und 20. Dezember, als noch General Bar. Neu von Seiten des Kaysers Gouverneur von Maynz war, verlangte der damalige General en Chef der Franz. Armee Hartry von dem Churmaynzischen Generallieut. Frh. v. Rüdt die Uebergabe der Vestung, in Gemäßheit der von Paris erhaltenen Befehle. Gen. Rüdt stellte dagegen den mit dem Reiche geschlossenen Waffenstillstand, den wirkl. in Rastadt bestehenden Friedens-Congreß und ferner vor, daß er die Sache erst an den kommand. Gen. der Reichsarmee nach Baiern und den Churfürsten *) berichten und von daher Befehle erhalten müße. Allein damit war der Franzos nicht zufrieden, er schickte am 21. Dez. seinen Generaladjutanten Mortier an den Churfürsten nach Aschaffenburg, drohte, daß der Waffenstillstand augenblicklich aufhören, und Maynz bombardirt werden sollte, wenn der Befehl zur Uebergabe nicht binnen 24 Stunden erfolgen würde.

*) Die Reichsarmee war bis nach Baiern, ehe man den Ausgang der Negociationen wußte, zurück gezogen worden, und die Franzosen dagegen in ihrer Stellung am Rhein geblieben!!! Wahrhaftig eine auffallende Ungleichheit.

de. Alle Vorstellungen des Churfürsten, daß die Entscheidung über Mayn, als Reichsvestung dem gesammten Reiche zukomme und Er nichts allein thun könne, waren vergebens. Die eiserne Nothwendigkeit, der Gewalt, bey nicht zu hoffender Hülfe, nachzugeben, geboth endlich eine Capitulation wenigstens zu suchen, welche am 28. Dezember zu Wisbaden zwischen Hartry und Gen. Lieut. Baron Rüdt dahin zu Stande kam: daß zwar die Churmaynzischen und andere Reichstruppen und Angehörige mit allen Kriegsehren Waffen, Bagage, Feldstücken, Cassen rc. am 30. Dezember abziehen konnten, aber was sonst die Vestung selbst angieng, zurück bleiben mußte. Die Kapitulation, welche die Frhren von Deel und Bibra am 29. Dez. für die Civilgewalten mit Hartry abschloßen, und worinn man Beibehaltung der bisherigen Regierungsform, der Staats- Civil und geistlichen Gewalt, des Gottesdienstes, der Klöster, Stiftungen rc. zu erhalten suchte, war im Grunde ohne Erfolg; Hartry antwortete: das gehöre für die Franz. Regierung. — Die Maynzer, Churköllner, Oranischen, Darmstädtischen, Bamberger, Stadt-Köllner Truppen mußten am 30. Dez. Maynz und Caßell räumen, welches dann von den Franzosen besetzt wurde. So kam Maynz ohne einen Schuß, ohne Schwerdstreich in französische Hände, — und so werden wir nach und nach an Ereigniße gewöhnt, die vor wenigen Jahren, denjenigen, der sie hätte voraus sagen wollen, dem allgemeinen Gelächter blos-

blosgestellt haben würde. Freilich glaubte das Reich, diese Vestung nur einstweilen und bis zum Abschluß des Friedens in Rastadt als Unterpfand in Französische Hände zu geben; und vielleicht setzte sich diejenige Macht, welche den größten Nachdruck hätte geben können, nicht dagegen, weil im 10. Artikel der oben angeführten Convention vom 1. Dezember nur die einstweilige Besetzung, während des Laufs der Unterhandlungen, bedungen war, — und diese Macht, nie Treue und Glauben bricht. — Aber Frankreich hat Geschichtsmäßig sich nie zu sehr an seine Worte gebunden und handelte auch hier nach dem Sprüchlein: beati possidentes. Schwerlich würde Frankreich, auch bey den vortheilhaftesten Friedensbedingungen fürs Reich, Maynz in Güte wieder geräumt haben.*) Die Besitznahme dieses wich-

* Die strengen Republikaner behaupten: es sey durch ein Dekret der National-Convention im 2. Jahr der Republik, Maynz und das linke Rheinufer der Franz. Republik einverleibt worden, und dabey müße es verbleiben, und könne die ein Paar Jahre später zu Stande gekommene Constitution, welche alle Bestandtheile der Republik nennt, von Maynz und dem linken Rheinufer aber nicht ausdrücklich spreche, jenen ältern Dekreten nichts benehmen. So vertheidigen die Franzosen ihre böse Sache; denn die durch Gesetze namentlich der Republik einverleibten Lande sind eigentlich nur: die Oesterreichischen Niederlande, Lüttich, Stablo, Malmedy, das Bißthum Basel. In den Gößer Präliminarien ist aber nur von diesen die Rede. Man vergleiche die unten folgenden Artikel.

wichtigen Plazes konnte als Vorbothe des Verlustes des ganzen linken Rheinufers betrachtet werden. Kaum waren die Franzosen eingezogen, so wurde auch schon die Freyheit proklamirt, Rudler kam als sogenannter Regierungs-Commißaire der eroberten Länder zwischen der Maas und Rhein und Rhein und Mosel an, errichtete Munizipalitäten, am 7. Jenner 1798 wurde in Maynz feierlich der Freyheitsbaum gepflanzt, die ganze bisherige Regierungsform abgeschaft, die Beamten abgedankt, Landesstellen aufgehoben und viele Personen der vorigen Regierung sogar verhaftet rc. Lange vorher schon waren französische Freyheits-Apostel im Heßen-Darmstädtischen und Baadischen im Finstern herum geschlichen und hatten das Volk aufzuwiegeln gesucht; es glückte ihnen aber nur bey wenigen Auswürflingen Deutschlands. Da die Franzosen die Vereinigung des linken Rheinufers mit Frankreich insgeheim schon lange beschlossen hatten, so giengen ihre Bemühungen nach den Gößer Präliminarien mehr als je dahin, eine Parthie zu gewinnen, welche die Vereinigung begehren, sich frey erklären, und so wenigstens den Schein erweken sollte, als begehrten die Völker die französische Freyheit und Gleichheit, da sie solche doch, nach der leider! genug gehabten Erfahrung verabscheuten. Es glückte den Freyheitspredigern daher fast gar nicht in ihrer Werbung, und vorzüglich zeichneten sich die Cöllner und Trierschen Unterthanen durch Liebe, Standhaftigkeit und Anhänglichkeit an ihre

ihre Landesherren und alte Verfaßung aus. Indessen da es in keinem Lande an Schwärmern, Mißvergnügten, Nichtswürdigen und unruhigen Köpfen fehlt, so gesellte sich doch eine Anzahl solcher Menschen, die nichts zu verliehren haben, aber bey der Umkehrung oder Verwirrung der Dinge zu gewinnen hoffen, zusammen, welche unter Beystand Französischer Soldaten Anfangs in Rheinbach, am 17. Sept. in Coblenz und Cölln, und so nach und nach an andern Orten den Freyheitsbaum pflanzten, Clubs errichteten, sich in Ausschüße bildeten, Präsidenten erwählten, und in eignen Addressen, als wären sie dazu beauftragt, um Errichtung einer Cisrhenanischen Republik oder Vereinigung mit Frankreich im Namen ganzer Gegenden und Städte, welche doch nichts davon wußten, bey den Französischen Generalen und Commißaires ansuchten. Anfangs glaubte man, es sey dieses blos ein Werk der Generals und Beamten, aber bald zeigte sich, daß die Regierung selbst die Triebfeder davon sey. Nachdem hernach vollends der Friede *) mit dem Kay:

*) Gen. St. Cyr besetzte am 15. Dez. 1797 auch das Frickthal (bey Hüningen) und Gen. Novion die ehemaligen Dependenzen des Bißthums Basel, das Münsterthal, Erguel, Bellelay, die Herrschaft Diesse, Orvin und Neuveville, nebst dem Gebiet der Stadt Biel. Auch die k. k. Grafschaft Falkenstein, welche nach den Präliminarien der Verwaltung des Kaysers wieder war zurück gegeben worden, besetzten die Franzosen am 2. Jenner 1798 neuerdings und richteten sie auf republikanischen Fuß ein.

Kayser abgeschlossen war, zog das Pariser Direktorium vollends die Maske ab, behandelte das ganze linke Rheinufer als erobertes Land, und erließ solche Verordnungen und Vorkehrungen, welche deutlich anzeigten, es sey nie Willens jene Lande zurück zu geben. Auch war hernach bey Eröfnung der Unterhandlungen zu Rastadt, die erste Forderung Frankreichs: **die Abtretung des linken Rheinufers.**

Sogar die Uebergabe von Ehrenbreitstein hatten die Franzosen und zwar schon am 9. Dezember begehrt; damals aber kommandirte noch der k. k. Obrist Bar. Sechtern darinn, welcher die Uebergabe abschlug, und so blieb es auch nachmals als die Kayserlichen abzogen und Obrist Faber mit Trierschen Truppen das Kommando übernahm. Die Franzosen begnügten sich, die Vestung eingeschlossen zu halten und die feierlich ausgemachte Ravitaillirung zu hindern. Das weitere fällt jedoch ins 1798. Jahr.

Noch war auf dem linken Rheinufer ein Punkt im Besitze der Teutschen, nemlich die Rheinschanze bei Mannheim. Es war voraus zu sehen, daß die Räumung auch dieses Postens verlanget werden würde. Es geschah wirklich am 25. Dezember früh, da Gen. Ambert auf Hartrys Befehl die Räumung der Schanze innerhalb 2 Stunden begehrte. Der Commandant von Mannheim, nach dem Abzuge der k. k. Truppen, war der Churpfalzbayrsche Obrist Bar. **Bartels.** Dieser berief sich auf den bestehenden Waffen-

still-

stillstand, auf die Friedenspräliminarien von Göß, auf die Heidelberger Convention und stellte vor, daß er allein außer Stand sey, eine Entschließung zu nehmen, aber augenblicklich nach Rastadt, an den Churfürsten, und den General der Reichsarmee Staader Couriere absenden werde, bis zu deren Rückkehr er Innstand verhoffe. Statt aber aller Antwort näherten sich Nachts 7 Uhr 6000 Franzosen der Schanze, nahmen die Fränkischen Kreisjäger, welche die nächsten Dörfer besetzt hielten, gefangen, legten Sturm an, drangen in die nur mit 4 Compagnien Pfälzer Feldjäger und 80 Münsterischen Dragonern unter Commando des Obristlieut. von Karg besetzte Rheinschanze ein, kamen den Truppen zu gleicher Zeit auf Schiffen in den Rücken und bemächtigten sich der Rheinbrücke. Zwar wehrten sich die Teutschen muthig, aber bey der großen Uebermacht wurde der größte Theil (15 Offiziers und 500 Mann samt dem Obrstl. von Karg) gefangen, und nur etwa 200 Mann mit einer Kanone kamen glücklich ans rechte Rheinufer. Fast wären die Franzosen zugleich mit den Pfälzern in die Stadt eingedrungen. Es blieben die Nacht hindurch einige 100 Franzosen auf dem rechten Rheinufer und der Brücke, zogen aber demnächst nach einer getroffenen Uebereinkunft, bis den 27. Jenner gänzlich wieder ans linke Ufer, und die Rheinbrücke wurde abgetragen. Die Gefangenen wurden von Seiten der Franzosen samt der gemachten Beute frey losgelassen, und kamen am 29. Jenner 1798 nach

nach Mannheim zurück. Die Rheinschanze wurde geschleift, und am 18. Febr. 1798 hatten die Franzosen die Werke schon ganz demolirt. Aus Mannheim, welches ohne die Rheinschanze keine Vestung mehr ist, schafte man das Geschütz und sonstigen Vorrath nach Bayern. Man rechnet, daß obiger Vorfall den Franzosen 300 Todte und Verwundete kostete.

Nun hatten die Franzosen das **ganze linke Rheinufer** im Besitz, und also schon den Frieden mit dem teutschen Reiche vollstrekt, ehe er geschlossen war, ja da man kaum angefangen hatte, darüber zu traktiren. Gewiß das einzige Beyspiel in den Annalen des teutschen Reichs! Das Pariser Direktorium behandelte von nun die Länder zwischen der Maas und Rhein und Rhein und Mosel als vollkommenes Eigenthum und theilte sie in 4 Departements, nemlich in das vom Donnersberg, von der Saar, vom Rhein und der Mosel, und von der Rör; — machte zu Hauptorten Maynz, Trier, Coblenz, Aachen, unterabtheilte die Departements wieder in 140 Kantone ꝛc. und kurz richtete jene Lande ganz nach französischen Fuß ein. Die Bevölkerung des linken Rheinufers schätzt man auf 1,250,000 Menschen und mit diesem neuen Zuwachs von Ländern, die ganze Bevölkerung Frankreichs auf mehr als 31 Millionen Einwohner. *)

In

*) Die gänzliche Unterwerfung des linken Rheinufers hatte indessen keineswegs die Folge, daß die Trup-

pen

In Italien war der Krieg ohne Erholung fortgesetzt worden. Nach der Schlacht bey Arcole

---

pen wenigstens von der rechten Seite zurückgezogen worden wären, vielmehr waren alle Vorstellungen deshalb fruchtlos. Sie lebten noch immer auf Kosten der diesseitigen Bewohner und marterten diese aufs Beklagungswürdigste. — Die Summen, welche Frankreich während des Kriegs im baaren und Naturalien, deren Werth bekannt ist, aus fremden Ländern gezogen hat, sind wirklich erstaunungswürdig, und können dazu dienen, zu beweisen, wie es möglich gewesen den Krieg so lange auszuhalten. Ein öffentliches Blatt enthält davon folgende Uebersicht: Im Preussischen 3,600,000 Liv., in Holland 186,000,000, in den Niederlanden und Lüttich 119,200,000, in Deutschland, nur allein in den Feldzügen von 1795 und 96 überhaupt 106,695,000, in Italien 117,680,000. Alles dieses zusammen macht eine Summe von 533,745,000. Liv. aus. Und dieß ist erst ein sehr kleiner Theil, denn der Werth der Dinge, die nicht geschätzt werden können, übersteigt die bekannten Summen unendlich; dort müßte man nach Milliarten zählen. Auch sind hiezu noch zu rechnen: 15 Millionen baar, und eine Menge Requisitionen, welche nachmals noch in der Schweitz, in Rom ꝛc. erhoben wurden. Von den Oesterreichischen Niederlanden ins besondere giebt man noch folgende detaillirte Summen an, welche alle Vorstellung übersteigen: 45 Millionen Livres in baarem Gelde; 300 Millionen in Assignaten al pari für Requisitionen an Pferden, Vieh, Lebensmitteln, Waaren ꝛc.: 100 Millionen an Bijouterien, Silberzeug und kostbaren Effecten, die man in den Leihhäusern ꝛc. gefunden, 20 Millionen für Patent-Abgaben; 50 Millionen gezwungener

Arcole (s. S. 128 vorigen Th.) suchte jeder Theil seine geschwächte Armee wieder zu ergänzen: nur mit dem Unterschiede, daß **Buonaparte** die Rekruten mit Gewalt aus der Lombarden aus **fremden** Lande, so wie Geld und alle Bedürfniße zog, die Kayserlichen hingegen aus eignen Mitteln. Die Französische Armee war sehr geschwächt gewesen. Man behauptete, sie habe in den letzten Gefechten über 10,000 Mann verlohren und Buonaparte selbst gestand, er habe fast keinen General ohne Wunden. Eben diese Schwäche hatte es auch dem Fränkischen Heerführer unmöglich gemacht, die Oesterreichische Armee weit von sich zu entfernen; ein Corps hatte sich gleich wieder an der **Brenta**, das andere dicht am Eingange von **Tyrol** gestellt. Hier erwartete der noch immer die k. k. Armee anführende F. Z. M. **Alvinzy** die ihm von allen Seiten zuströmenden Verstärkungen, um den Schlüßel Italiens, **Mantua**, wo der Hunger schon fürchterlich wüthete, zu retten. Die Verstärkungen, welche Alvinzy bekam, wurden meistens auf Wägen zugeführt, und unter diesen zeichnete sich das Corps der **Wiener** Freiwilligen unter Major **Kövösdy** vorzüglich aus; es zählte unter sich die Grafen Paar, Salm, Montecuculi und viele andere der

gener Anleihe; 600 Millionen für verkaufte National-Domainen, geistliche Güter, Effecten der Emigrirten rc. zusammen 1095 Millionen. Ausser diesen sind noch 1,500,000 Bäume gefällt, und die alten und neuen Abgaben bezahlt worden.

der angesehnsten Familien. Bald zählte der kayserliche Heerführer wieder 45,000 Mann unter seinen Befehlen. Davon stand ein Corps bey Padua, eines bey Baßano, ein drittes im Etschthal beym Eingang ins Tyrol so mit einander in Verbindung, daß eins das andere unterstützen und Buonaparte unmöglich voraussehen konnte, von welcher Seite der Hauptschlag erfolgen würde. Ein 4tes Corps unter **Loudon** senkte sich vom Federsee gegen **Bergamo** und Brescia herab, um der französischen Armee in Rücken zu kommen. Bey dieser Ungewißheit des Oesterreichischen Plans hielt Buonaparte die Linie an der Etsch von Montebaldo über Verona und Legnano besetzt. Um seinen Rücken zu sichern hatte er ein Corps unter Gen. Rey bey Desenzano am südlichen Ende des Gardersees aufgestellt, und ohne vorherige Anzeige bey der neutralen Republick **Venedig** durch den bisherigen Commandanten der Lombardey Gen. **Baraguay d'Hilliers** die venetianische Vestung **Bergamo** plötzlich mit einigen 1000 Mann am 25 Dezember 1796 besetzen lassen, um den ganzen hinter dieser Vestung liegenden Theil jener Republick in Unterwürfigkeit zu halten. *) Die Aufmerksamkeit Buonaparte's war zugleicher Zeit auf das mittlere Italien, auf den Po und die Etsch gerichtet. Der Pabst hatte den k. k. General Colli in Dienste genom-

*) Anstatt des Gen. Baraguay wurde Kilmaine Commandant der Lombardey und Serrurier führte die Blokade von Mantua fort.

genommen, sich mit dem k. Hofe näher verbunden und rüstete sich zum Kriege. Zwar waren die Rüstungen im Kirchenstaate an sich nicht furchtbar; aber Buonaparte wußte, daß der Pabst den Krieg gegen Frankreich für einen Religionskrieg erklären wolle, und daß Wurmser Befehl hatte, wenn er in Zeiten keine Hülfe erhalten könne, mit der Besatzung aus Mantua heraus zu brechen, und sich entweder ins Gebiet von Ferrara oder in die Staaten des Pabstes zu werfen, um sich mit dessen Truppen zu vereinigen: daher sich letztere bereits näher gegen Romagna zogen. Diese Umstände erweckten Besorgniße in Buonaparte, aus denen sein fruchtbares Genie sich aber bald, wie weiter unten folgt, wickelte, und wornächst er seine ganze Aufmerksamkeit auf den F. Z. M. Alvinzy wendete. — Die kaiserliche Armee war Anfangs Jenner 1797, 45000 Mann stark, und im Stande die Operationen zur Befreyung Mantuas wieder anzufangen. Alvinzy theilte seine Armee, wie schon oben angezeigt worden, in 4 Corps. Er wollte mit der Hauptmacht von Tyrol aus an der Etsch herabdringen, während Gen. Provera mit dem Corps bey Padua, unweit Legnano über den Fluß setzen und die Besatzung von Mantua befreyen sollte. Um Buonaparten noch mehr Zweifel über seinen wahren Plan übrig zu lassen, war zwischen beyden Corps noch ein 3tes bey Bassano aufgestellt, welches bey Anfang der Feindseligkeiten, theils dem Corps im Etschlande zur Verstärkung zuziehen, theils gegen Verona vor-

vordringen sollte, um dem Feinde Besorgniße wegen seines Zentrums zu erweken. Am 7. Jenner brach die Colonne des Gen. Provera von Padua auf, der tapfere General Graf Hohenzollern stieß mit dem Vortrapp vorwärts Legnano auf die Division des Gen. Augerau und es entstand ein sehr hartnäckiges Gefecht, worinn sich die Wiener Freywilligen sehr auszeichneten. Der Feind mußte sich nach St. Zeno zurückziehen, wurde am 9. Jenner in dieser Position aufs neue angegriffen und mußte sich mit Verlust von 300 Gefangenen und 3 Kanonen in die Vestung Legnano werfen. Provera hob nun alle Hinderniße auf dem linken Etschufer und war am 13. Jenner im Begriffe über den Fluß zu setzen. — Die zweyte kayserliche Colonne, nemlich die von Baßano war zu gleicher Zeit aufgebrochen und mit 4 Batallions im Gebirge und 2 in der Tiefe bis an die Thore von Verona vorgedrungen, wobey es mit der Division des feindlichen General Maßena zu einem hitzigen Gefechte kam, in welchem die Kaiserlichen Anfangs Vortheile erfochten, zuletzt aber mit 200 Mann Verlust weichen mußten. Unter diesen Gefechten und der ersten Beschäftigung des rechten Französischen Flügels gewann F. Z. M. Alvinzy die nöthige Zeit, die Verstärkung von Baßano oder den andern Theil jener Colonne an sich zu ziehen und gegen Buonapartes Vermuthen eine Macht von 26 Bat., 24 leichten Compagnien und 13 Eskad. im Etschthale zu sammeln. Am 11ten Jenner befand

befand sich der größte Theil dieser Macht nach vielen überwundenen Beschwerlichkeiten auf dem mit tiefen Schnee bedeckten Montebaldo der Division des Gen. Joubert gegenüber, und griff am 12ten die feindliche Stellung an; da aber die andere zur Attacke bestimmte Kolonne, der vielen Beschwerlichkeiten halber, nicht zur rechten Zeit hatte eintreffen können, so konnte Coronna nicht überwältigt werden, und wurden blos einige 100 Gefangene gemacht. Indessen zog Alvinzy am 17ten noch 4 Bat. aus dem Etschthale und verstärkte das zum Angriff bestimmte Korps bis auf 17 Bataillons, 24 leichte Kompagnien, — und 9 Bat., 13 Eskadrons standen an dem rechten Etschufer schon über Canale bis an die feindlichen Verschanzungen des rechten Flügels der Stellung von Rivoli vorpoussirt. Alvinzy hatte seinen Plan so meisterhaft maskirt, daß Buonaparte bisher noch immer ungewiß war, ob er gegen Rivoli oder an der Etsch durchbrechen wollte. Als aber am 13ten Joubert genöthigt worden war, vor der Macht der Kaiserlichen den wichtigen Posten von Coronna zu räumen und sich bis an die Hauptstellung vor Rivoli zurück zu ziehen, blieb Buonaparte kein Zweifel mehr übrig, daß der Plan Alvinzys dahin gehe, durch Rivoli vorzudringen. Er brach daher in der Nacht von Verona mit der Division des Massena eben dahin auf, und die Truppen des Gen. Rey im Desenzano zogen sich auf eben den Punkt. Alvinzy, welcher hievon

 nichts

nichts wußte, bestimmte den allgemeinen Angriff auf den 14ten Jenner. Die Verstärkungen der Franzosen waren aber so beträchtlich gewesen, daß die Operation fast unmöglich und noch gefahrvoll für die Kaiserlichen werden mußte. Letztere hatten einen äußerst mühsamen Zug über steile Gebirge, unwegsame Fußsteige und 5 Fuß tiefen Schnee machen müßen, und kamen erst Nachts 10 Uhr an den Punkt ihrer Bestimmung von Rivoli, von wo aus sie, dem Plane nach, den franz. linken Flügel umgehen und den rechten zurückwerfen sollten. Die Beschaffenheit der franz. Stellung, welche zirkelartig ihren linken Flügel, der doch allein zur Umgehung geeignet war, versorgte, forderte den F. Z. M. Alvinzy auf, seinen rechten Flügel den Vorsprung und die dazu erforderliche Zeit anzuberaumen. Da er aber den Vortheil der Beherrschung des rechten feindlichen Flügels nicht versäumen, noch die Beobachtung seiner Manövres erlauben wollte, so trug er dem linken Flügel den allgemeinen Angriff auf. Am 14ten Jenner früh trafen der linke österreichische und französische rechte Flügel zuerst auf den Höhen von St. Marco auf einander. Das Gefecht war hartnäckig und schrecklich, sagt Buonaparte selbst. Der Vortheil wechselte lange auf beiden Seiten. Die Kaiserlichen konnten nur einzeln auf den steilen und unwegsamen Gebirgen vorrücken, der Feind suchte durch viele Gebirgs-Abhänge und Schluchten die vorgedrungenen Abtheilungen zu überflügeln und zurück zu werfen.

End-

Endlich aber wurde nach einem mehrere Stunden angedauerten heißen Kampf der franz. rechte Flügel ganz zum Wanken gebracht, indeß das kais. Zentrum das feindliche mit dem Bajonette angrif, überwältigte und dem linken teutschen Flügel das Vordringen erleichterte. Schon standen 12 Compagnien und 13 Bataillons auf der eingenommenen feindlichen Stellung, die Colonne des Etschthales hatte die Möglichkeit gewonnen die franz. Verschanzungen auf der Straße zu stürmen und zu jenen in die Ebenen vorzudringen, auch hatte die erste Colonne des rechten Flügels die Franken schon wirklich umgangen. In diesem Augenblicke, wo nur mehr die gänzliche Vereinigung der Colonne im Etschthale mit dem Corps auf der Ebene zu einem entscheidenden Siege erforderlich zu seyn schien, änderte sich das ungetreue Glück durch die Entschloßenheit Buonapartes. Dieser, welcher seinen rechten Flügel und Zentrum weichen sah, raft einen an sich unbedeutenden Haufen der in Unordnung gebrachten Truppen zusammen, und führte diese selbst dem Gen. Joubert zu, wirft sich an die Spitze desselben und zu gleicher Zeit kömmt ein kleines Reuter-Korps unter Gen. Berthier zum Succurs. Diese wenige Mannschaft attackirt mit Verzweiflung; der durch anhaltende Strapatzen ermüdete teutsche linke Flügel geräth in Unordnung und diese theilt sich von einem Bataillon zum andern bis ins Zentrum mit. Joubert nimmt die Platte von Rivoli wieder, und drängt die Oesterreicher ins

Etsch-

Etschthal zurück. Maßena, welcher das franz. Zentrum kommandirt, sobald er die Verwirrung bemerkt, greift ebenfalls entschloßen an, dringt in die Linie ein, und macht 1500 Gefangene. Zwar erschien die Colonne des österr. rechten Flügels, welche den Feind umgehen sollte, zu gleicher Zeit siegreich vor Rivoli, und beherrschte die Spitzen zwischen der Etsch und dem Gardersee, — aber das Hauptkorps war zurückgedrängt, und die Ordnung konnte bey den abgematteten Truppen nicht mehr hergestellt werden. Das 4000 Mann starke Korps wurde auf allen Seiten angefallen und mußte sich eilends zurück ziehen, retirirte gegen den Gardersee, verlor aber 1500 an Gefangenen. Buonaparte ließ, nach dieser glücklichen Wendung, den Gen. Joubert mit hinlänglichen Truppen bey Rivoli zurück, er selbst aber, nebst Maßena und Viktor, wendete sich gegen den kays. General Provera, wovon bald die Rede seyn wird. — F. Z. M. Alvinzy hatte, obgleich zurückgedrückt, dennoch den Posten von Coronna inne behalten. Gegen diesen und die ganze Stellung der Kayserlichen erneuerte am 15ten Jenner Gen. Joubert den Angriff. Der Mittelpunkt bestand aus den eben von Bergamo und Brescia neu angekommenen Truppen des Gen. Baraguey d'Hilliers, welche St. Martin eroberten. Der rechte Flügel unter Gen. Vial hatte den ganzen Tag um die Felsenspitze bey St. Marco zu kämpfen, welche die Teutschen aufs tapferste vertheidigten, aber endlich dadurch, daß Gen. Murat, nach ausserordentlicher Anstrengung die Höhen des Montebaldo, welche Coronna beherrschen, genommen hatte, als abgeschnitten, sich ergeben mußten. Nun retirirten die kays. Truppen im Etschthale eiligst nach Tyrol auf Mori und Torbolle zurück, indem sie ihre rechte Flanke an den Gardersee, die linke aber an die Etsch anlehnten. Die Franzosen suchten den Sieg möglichst zu benützen. Gen. Joubert zog in Roverredo ein, umgieng die verschanzten Gebürgengen von Cagliano, und strömte bis Trient vor, wo er 2000 Kranke und Verwundete Oesterreicher fand. Gen. Vial setzte über die Navis, trieb die Teutschen bis St. Michel zurück und besetzte die Linie, welche Trient deckt. Maßena rückte über Vicenza nach Baßano, und verfolgte die kays. Colonne, welche von da nach Verona vorgedrungen war, und sich durch die Gebirgengen der Brenta zurückzog. Er erreichte sie bey Carpanedo und machte nach einem sehr hitzigen Gefechte einige hundert Gefangene. Zwey andere franz. Korps drangen zwischen Feltre und Primolano vor und bewirkten die Vereinigung der Divisionen Maßena und Joubert. Angereau gieng über Padua gegen Treviso. Die 3 Divisionen Joubert, Maßena und Angereau, welche bis dahin die Linie der Etsch von Rivoli über Verona nach Legnano besetzt gehalten hatten, bildeten jetzt einen Halbzirkel, der oberhalb Trient an der Etsch anfieng, an der Brenta fortlief und über Padua hin-

hinaus sich der Piave (wo die kays. Position anfieng) näherte. *)

Es

*) Buonaparte gab seinen Verlust an Todten und Verwundeten nicht einmal zu 2000 an, dagegen den kaiserlichen an Todten allein zu 6000, und an Gefangenen, vom 12 — 17 Jenner, ohne das Korps des Gen. Provera, auf 13,000, mit diesem aber zu 20000. Ferner behauptete er 17 Fahnen und 60 Kanonen erobert zu haben. Wenn man aber den verzweifelten Widerstand der Kaiserlichen in jenen Tagen erwägt, so ist jene Angabe offenbar übertrieben und folgendes der wahrscheinlichste Verlust: nemlich 6000 bey der Alvinzischen Armee, und 6500 mit Todten, Gefangenen und Verwundeten beym Korps des Gen. Provera; zusammen 12,500. Von den Gefangenen entkamen aber beym Transport nach Frankreich ein großer Theil in der Gegend von Graubündten und des Veltelins, und kehrten durch Umwege zu ihren Korps zurück. Die Franzosen mögen in allem etwa 10000 Mann verlohren haben. Mehrere Generals und eine Menge Offiziers von beyden Theilen wurden verwundet rc. franz. Seits Gen. Robert der an seinen Wunden starb, und kais. Seits der brave Liptay. — — Ueberhaupt sind die Franzosen sehr prahlerisch mit ihren erfochtenen Vortheilen, von dem Verluste schweigen sie aber ganz still. In dem Werke, welches unter der Aufsicht des Direktoriums herausgekommen, im 2ten Theile der franz. Feldzuge, wird gesagt, daß die franz. Armee vom 8. Sept. 1793 bis 19. Febr. 1797, 198 Siege (worunter 44 Bataillen im freien Felde) gewonnen, 108,950 Mann dem Feinde getödtet, 275837 gefangen, 267. Vestungen und Städte, 466 Forts, Läger, Redouten erobert, 7838 Kanonen, 148561 Flin-

Es ist oben gesagt worden, daß der tapfere G. F. M. L. **Provera** am 9. Jenner den Feind geschlagen und gezwungen hatte, sich in die Vestung Legnano zu werfen. Bey dem verabredeten allgemeinen Plane (s. S. 33.) setzte Provera am 13. Jenner bey **Anghiari** oberhalb Legnano mit 10,000. Mann über die Etsch und schlug den franz. General **Guieux**, welcher sich ihm entgegenstellte, bey **Ronco** zurück. Unbekannt mit dem Ausgange der Schlacht bey **Rivoli** rückte er kühn und muthig schnell weiter gegen **Mantua** fort. Am 14ten war er zu Nogara, und beschleunigte seinen Marsch über Cerea, Sanguinetto, und Castellara. Aber der feindliche Gen. **Angereau** war auf die Nachricht von Proveras Marsch eiligst von Legnano aufgebrochen und

---

Flinten, 1,858,150 Pf. Pulver, 225 Fahnen 2c. erbeutet hätten. Dagegen macht ein franz. Blatt die Bemerkung: es wundere sich, blos den Gewinn, aber keinen Verlust angezeigt zu finden, und behauptet, der Sieg bey Gemappe habe 12,000 Mann, die Niederlage bey Neerwinden 15000 gekostet; bey Dünkirchen, Cambrai und Maubege habe Jourdan 50,000 Todte gehabt; bey Fleurus wären 12000 geblieben; Hoche habe bey Kayserslautern und in der Pfalz 12000 verlohren. Italien koste Buonaparte mehr als 100,000 Mann, der Vendeekrieg habe wenigstens eben soviel gekostet, die Rückzüge in Teutschland, die Uebergänge über den Rhein wären auch nicht ohne Verlust abgegangen, — den Verlust zu Wasser 2c. ohngerechnet, so daß der franz. Verlust, noch ungleich höher an Menschenzahl steigt, als jener der verbündeten Mächte.

und ihm nachgefolgt, griff den österreichischen Nachtrapp an, eroberte nach einem hitzigen Gefechte 16 Kanonen und machte 1500 Gefangene. Indessen ließ sich Provera dadurch nicht abschrecken, er zog die ganze Nacht hindurch und traf 15. Jenner vor St. Giorgio einer Vorstadt von Mantua ein. St. Giorgio war von den Franzosen stark bevestigt worden, und Gen. Miolis, welcher Commandant darinnen war, schlug die Uebergabe ab. Mit Sturm war es nicht möglich den Posten einzunehmen, und daher verabredete Provera mit dem F. M. Wurmser, die Favorita und Montado folgenden Tags anzugreifen, und unterstützt durch einen Ausfall der Besatzung, welche die Linien der Blockade durchbrechen sollte, sich nach Mantua hinein zu werfen. Aber Buonaparte hatte kaum das Treffen bey Rivoli beendiget, als er, (s. oben 38) statt Alvinzy zu verfolgen, sich an die Spitze mehrerer Halbbrigaden stellte und dem Gen. Provera nachzog. Er kam den 15ten Nachts in Roverbella an, und errieth den Plan der österreichischen Generals ohne Mühe. Er beorderte ohne Verzug den Gen. Dumas zur Beobachtung der Zitadelle bey St. Antonio. Gen. Serrurier mußte die Favorite stärker besetzen, und Vicktor umgieng mit 2 Halbbrigaden den Gen. Provera. Augereau mit seiner ganzen Division war den Kayserlichen ebenfalls gefolgt. Bey diesen Umständen, und der grossen Ueberlegenheit des Feindes mußte das Vorhaben der Oesterreicher verunglücken. Wurmser

thaț

that am 16ten Jenner früh einen starken Ausfall und eroberte auch den Posten St. Antonio; aber Buonaparte hatte Verstärkung dahin geschickt, und so konnte er nicht weiter vordringen, die Besatzung mußte sich mit einem Verluste von 400 in die Vestung zurückziehen. Zugleich rückte Gen. Serrürier und Vicktor auf der Seite der Favorite vor, und Miolis that einen Ausfall von St. Giorgio. Gen. Provera war nun mit seinem Korps auf allen Seiten eingeschlossen, focht aber mit einer bewunderungswürdigen Bravour, bis er sahe, daß aller Widerstand vergeblich sey. Endlich mußte sich zwischen 11 — 12 Uhr das ganze Korps ohngefehr noch 5500 Mann stark, mittels einer unter den Mauern von St. Giorgio abgeschlossenen Kapitulation zu Kriegsgefangenen ergeben. Nur die Offiziers wurden auf ihr Ehrenwort entlassen, und behielten ihre Degen und Bagage, so wie die Gemeinen ihre Tornister. 22 Kanonen, Munition und alles übrige für die Vestung Bestimmte fiel in französische Hände. Das Korps der Wiener Freywilligen, welches sich mit größter Verzweiflung geschlagen hatte, war unter den Kriegsgefangenen. Außer Provera waren die würdigen Generale Graf Hohenzollern und Klöbel dabey.

Serrürier hatte inzwischen die Belagerung von Mantua *) fortgesetzt und war nach dem Siege

*) Mantua die Hauptstadt eines Herzogthums gleiches Namens, ist in 200 Jahren 3 mal eingenommen worden,

Siege des Buonaparte mit 8000 Mann verstärkt worden. Nach demjenigen, was unter den Augen des F. M. Wurmser dem Korps des Gen. Provera

---

worden, 1630 als es noch eigne Herzoge hatte, 1707. im Spanischen Succeßionskriege durch den Prinzen Eugen, und jetzt zum 3 male. Kunst und noch mehr Natur machen Mantua zu einer der stärksten Vestungen. Es liegt in einem See, welchen der Fluß Mincio bildet. Dieser See hat 5 deutsche Meilen im Umfange und ist 1/2 breit, folglich nicht so breit als lang. Es ist auf festen Boden erbaut, und 2 Dämme und Hauptbrücken einer gegen Cremona, der andere gegen Verona führen in dasselbe. Es hat starke Mauern und eine Citadelle. Die sumpfigte Gegend hat eine ungesunde Luft zur Folge. Die verschiedenen Gegenden des Sees um die Stadt sind Lago di Mezo, Lago di Solto, Lago di Paipolo und Lago di Sopro. Die 2 Hauptbrücken über den See nach der Stadt sind Ponte di St. Giorgio und Ponte de Molino, beyde mit Verschanzungen gedeckt. Noch führen 3 kleinere Brücken zur Stadt und 6 andere verbinden solche, da sie das Wasser in 2 ungleiche Theile zerschneidet. Es sind 2 Häfen für die Schiffe vorhanden, der größere Porto della Catena, der kleinere Porto del Anconeta. An der Außenseite des Sees befinden sich 2 bevestigte Vorstädte, Fortezza di Porto, welche der Stadt zu einer Citadelle dient, und die bevestigte Vorstadt Borgo di St. Georgio. Gegen Mittag dicht an der Stadt liegt auf einer Insel die 3te Vorstadt Borgo il The, welche auf beyden Seiten zwey kleine Zitadellen hat und mit einer starken Linie umgeben ist. Mantua zählt etl. 20,000 Einwohner

Provera begegnet war, sah jener wohl ein, daß keine nahe Hofnung des Entsatzes vorhanden sey. Indessen stieg die Noth in der Vestung aufs höchste, die Pferde waren beynahe alle aufgezehrt, die Einwohner hatten gar keine Lebensmittel mehr, und die Besatzung war schon lange auf den 4ten Theil Brodportion gesetzt. Ansteckende Krankheiten herrschten, und die Arzneyen waren verbraucht. In dieser Lage blieb dem tapfern Wurmser nichts mehr

wohner, worunter 5000 Juden, welche in einem besondern Quartier wohnen. Es hat einen Bischof, 19 Pfarr, 4 Collegiatkirchen 23 Klöster, schöne breite Straßen, Plätze und Palläste. — Als General Beaulieu vom Mincio zurückgedrängt worden, (s. S. 110 — 115. des 5ten Theils) war Mantua zuerst eingeschloßen worden. Als sich die Blokade verzögerte, traf Buonaparte Anstalten zur förmlichen Belagerung. Schon war man zu den Brechbatterien gelangt, als beym ersten Vordringen Wurmsers die Belagerung aufgehoben werden mußte. Seit Mitte Sept. 796 wurde es zum 2ten male eingeschloßen. In Mantua kommandierte während der ersten Blockade der F. M. L. Graf Canto d' Yrles (s. S. 116 des 5ten Feldzugs) und während der 2ten F. M. Wurmser selbst, starb aber bald nach der Uebergabe am 11. Aug. 1797, alt 73 Jahre, in Wien. — Die Franzosen verlohren vor der Vestung durch Ausfälle und Krankheiten über 10,000 Mann, und noch starben viele, bey dem allgemeinen Elende in der Stadt, als sie eingezogen waren. — Außer dem F. M. Wurmser trugen zur tapfern Vertheidigung von Mantua die Generals Lauer, Otto, Meszaros, der Gen. Adjut. Auer, Flügel Adjut. Mohr und Graf Degenfeld wesentlich bey.

mehr übrig, als Mantua, den Schlüßel von Oberitalien durch Kapitulation zu übergeben. Er trat schon am 31. Jenner 1797 desfalls in Unterhandlung und begehrte die freie Rückkehr der Garnison nach Deutschland mit Wagen, Bagage rc. und einen 4 wöchentlichen Waffenstillstand für Italien, welches aber Buonaparte nicht zugestand. Endlich wurde am 2. Febr. mit dem Gen. Serrurier eine sehr ehrenvolle Capitulation dahin abgeschloßen: daß die Garnison mit allen Kriegsehren ausziehen, zwar Kriegsgefangen werden, aber in die k. k. Erbstaaten abgeführt und vor allen andern ausgewechselt werden sollte. Jedoch wurde davon ausgenommen: der Feldmarschall, die übrigen Generale und Adjutanten. Wurmsern wurde gestattet 200 Reuter, 500 Mann Infanterie nebst 6 Feldstücken mit den dazu gehörigen Artilleristen und Munitionswagen auszuwählen und frey mitzunehmen, die sich blos verbinden mußten, innerhalb 3 Monaten nicht zu dienen. Den Generals und Offiziers blieben ihre Pferde verhältnismäsig, ferner die Seitengewehre, und den Gemeinen ihre Tornister und Mantelsäcke. Die Civil-Beamten durften sich frey wegbegeben, und den Einwohnern wurde ihr Eigenthum gesichert. — Die Besatzung, welche 20000 Mann betragen hatte, zählte beym Ausmarsche noch 12128, und davon waren viele siech und krank. Die Franzosen fanden in Mantua 500 Feuerschlünde (worunter 301 metallene Kanonen), die Feldartillerie des F. M. Wurmsers, welche aus

34 Ka-

34 Kanonen und 4 Haubitzen bestand, ferner 184 Wagen und Pulverkarren, 60 Fahnen, 25 Brückenschiffe, 5290 Zentner Pulver, 1,374,228 Patronen, 17115 Flinten, 4484 Pistolen ꝛc.

So fiel dieses wichtige Bollwerk, Troß aller Tapferkeit und Standhaftigkeit des braven Wurmser und der Garnison, nach einer 9 monatlichen Blockade und 5 monatlichen gänzlichen Einschließung, durch den alles bezwingenden Hunger in französische Hände. Und es verdient wirklich als eine abermalige Sonderbarkeit des franz. Revol. Kriegs, deren derselbe so viele hat, bemerkt zu werden, daß Mantua, so wie fast alle großen und wichtigen Vestungen, ohne förmliche Belagerung eingenommen wurde.

Nach dem Falle von Mantua fiengen die Besorgniße in Triest, Görz und den Innerösterreichischen Provinzen an. Alvinzy zog mit dem Hauptkorps in die Gegend von Görz, ein kleineres Korps blieb bey Botzen, um Tyrol zu decken, und Klagenfurt wurde zum Sammelplatz der neuen Verstärkungen, welche aus dem Innern Oesterreichs und Ungarn herbeyeilten, bestimmt. Ueberdem wurde ein großer Theil der Rheinarmeen in die bedrohten Gegenden beordnet. Bis diese aber ankommen konnten, wurde Zeit erfordert; und Buonaparte benutzte diesen Zwischenraum und die Schwäche der Kayserlichen seine Absichten gegen den Kirchenstaat auszuführen, wovon weiter unten die Rede seyn wird. Sobald er nun diese erreicht und seinen Rücken dadurch

frey

frey hatte, wendete er sich ganz wieder gegen die Oesterreicher, welche ihre Stellung an der Piave, und das Hauptquartier zu Udine im Venetianischen Friaul hatten. Palma Nuova wurde in besten Vertheidigungsstand gesetzet und ein Lager auf dem Glacis der Vestung bezogen. Die Vorposten standen bis an die Morta bey Treviso, und die Städte Feltre und Cadora waren stark besetzt. Am 6. Febr. kam der Erzherzog Carl zuerst bey der Italienis. Armee (s. S. 3.) mit dem Versprechen aus Wien an, daß das geschwächte Heer wieder auf 100000 Mann verstärkt werden sollte; — allein so geschwind war dieses nicht möglich. Hingegen machte Buonaparte, nach Bezwingung des Kirchenstaates große Anstalten mit einer beträchtlichen Armee an der Piave zu erscheinen. General Joubert, welcher ins Tyrol eingedrungen war, und wie oben gemeldet worden, Trident besetzt hatte, konnte indessen nicht weiter vordringen. Der brave General Liptay hielt ihn durch seine feste Stellung bey Salurn (4 Meilen von Botzen) zurück und zwang selbst die feindlichen Vorposten, sich bis Welschmichel zurückzuziehen. Am 8. Febr. griffen die Franzosen die Kayserlichen zugleich bey Feltre und Nave, wo sie über die Etsch setzen wollten, an, wurden aber auf beyden Punkten, besonders auf dem letzten mit Verlust 700 M. und sämmtlicher Pontons zurück getrieben. Die Kayserlichen behaupteten ihre Stellung von Teutschmetz bis nach Salurn hin. Die Franzosen

drangen

drangen zwar nachher ins Fleimser Thal vor, zogen sich jedoch nach unbedeutenden Gefechten bald wieder zurück. Am 2. Merz griffen sie bey St. Michel an, wurden aber mit einem Verlust von 100 Todten und 100 Gefangenen zurückgeschlagen.

Erzherzog Carl, welcher den Oberbefehl aller k. k. Armeen erhalten hatte, war auf einige Zeit nach Wien gegangen, und kehrte Anfangs May zur Armee zurück. Er hofte durch seinen Muth, Gegenwart, Beyspiel und Genie wenigstens den Feind so lange aufzuhalten, bis die Verstärkungen angekommen seyn würden; konnte seinen Zweck aber, ob er sich gleich den größten Gefahren aussetzte, nicht erreichen. Die schwache Armee wurde bey Annäherung des Buonaparte genöthigt, die Piave mit zwar geringem Verluste zu verlassen und sich hinter den Tagliamento zurück zu ziehen. Ein Korps unter dem Grafen Hohenzollern beobachtete zwar die Piave *) noch, sahe sich aber durch die andringende feindliche Uebermacht genöthigt, nach

Sulz

*) Die Franz. Armee stand Theils in Tyrol, Theils im Venetianischen Gebiete und hatte das Hauptquartier zu Baßano. Beyde Armeen trennte Anfangs der Fluß Piave. Die Französische war der Kayserlichen mehr als 2 mal überlegen, und die Verstärkungen aus Deutschland konnten so geschwind nicht ankommen. — Das in Englischen Sold getretene Heßendarmstädtische Korps Truppen, welches in Triest hatte eingeschift werden sollen, und bisher in Krain lag, stieß zur Oesterreichischen Armee, und besetzte Triest.

Salice zurück zu weichen. Hier wurde er am 12. May angegriffen, behauptete sich zwar muthvoll, und fügte dem Feinde einen Verlust von mehr als 100 Mann zu, fand es jedoch für weislicher sich in der Nacht darauf zurückzuziehen und paßirte am 15. Merz ebenfalls den Tagliamento. Zwey Tage vorher war auch Gen. Lusignan, welcher an den Grenzen Tyrols bey Cordevole stand, vom Gen. Maßena attakirt, bis Belluno zurückgedrückt und sammt 700 Mann, nach tapferer Gegenwehr, zu Gefangenen gemacht worden. Nun unternahm Buonaparte am 16ten darauf bey Valvasone auch den Uebergang über den Tagliamento, einen wilden Waldstrom einige Meilen hinter den von den Oesterreichern verlassenen Fluß Piave. Gen. Schulz mit der Oesterreichischen Cavallerie suchte dem Feinde zwar den Uebergang streitig zu machen, war aber zu schwach, wurde verwundet, und der Uebergang demnächst forcirt, wobey den Franzosen einige 100 Gefangene und etliche Kanonen in die Hände fielen. Die Kayserliche Armee verließ Udine und Palma Nuova, und zog sich nach Vippach, wo sie am 20 Merz Lager schlug. Die unhaltbare Vestung Gradiska wurde mit 3000 Mann besetzt, blos um den Rückzug zu decken, gegen welche die Generals Bernadotte und Serrürier anrückten, über den seichten Insonzo Fluß setzten und die Stadt am 19 Merz einnahmen, wobey ihnen 2000 Gefangene und 10 Kanonen in die Hände fielen. Dann rückten sie nach Görz, wo sie 1400 Kranke

fanden

fanden und gefangen nahmen. Am 23. Merz besetzte Gen. Dugua die Stadt und den Hafen Triest, welches von den Oesterreichern Tags vorher verlassen worden war, so wie er sich auch der wichtigen Quecksilberbergwerke in Idria bemächtigte. Die Franz. Hauptarmee zog in 2 starken Hauptcolonnen der Kayserlichen nach, welche über Laibach und Crainburg gegen Tarvis und Villach retirirte, um daselbst die Divisionen der Generale Gontreuil und Bajalich an sich zu ziehen, und sodann über Tarvis nach dem wichtigen Posten Pantafel zu rücken, so den Franzosen in die Flanke zu kommen, und nachdem man sie weit genug ins Innere des Landes gelockt hätte, das Gegenstück zu dem vorjährigen glücklichen Treffen bey Amberg, wodurch Teutschland gerettet wurde, zu spielen. Tarvis war zum Sammelplatz der Armee bestimmt und dieses wurde durch den Paß Pantafel gedeckt, dessen Behauptung dem General Ocskay vertraut war. Indessen retirirte dieser Anführer bey Annäherung der feindlichen Uebermacht bis Wurzen, worauf der feindliche General Maßena sogleich mit einem beträchtlichen Korps durch diesen wichtigen Gebirgspaß bis Tarvis vordrang. Hierdurch war die Armee in Tyrol von jener des Erzherzogs abgeschnitten und die Straße nach Villach, auf welcher Fürst Reuß mit einem beträchtlichen Oesterreichischen Korps im Anzuge war, gesperrt. Die Paßage mußte, es koste was es wolle, wieder geöfnet werden, und daher ertheilte

Prinz Carl den Generals Gontreuil und Bajalich Befehl das franz. Korps bey Tarvis anzugreifen. Gontreuil führte diesen Auftrag am 24. Merz mit bewunderungswürdigen Muthe und Geschicklichkeit aus, schlug den Feind wieder von Tarvis (Dorf in Kärnthen) weg und rettete dadurch die Reserve Artillerie. Das Treffen war eines der hitzigsten und sonderbarsten; die Truppen mußten auf den höchsten Bergen fechten. Man rechnete, daß die Franzosen an diesem Tage allein 1200 Mann an Todten und Verwundeten einbüßten. Gontreuil *) wußte, daß ihn die Generals Oeskay und Bajalich unterstützen sollten und er erwartete sie daher, aber vergeblich. Am 25. Merz wurde er vom Maßena mit großer Macht angegriffen, wehrte sich zwar mit seinem schwachen Korps tapfer, mußte aber, als er noch dazu verwundet wurde, gegen Abend retiriren, und Tarvis und Safniz verlassen, weil kein Succurs ankam. **) Die Plane zum Vordringen, die Vereinigung der verschiedenen Korps und der pro-

*) Im July 1798 in Wien gestorben.

**) Buonaparte sagt in seinem Berichte ans Direktorium, es seyen bey dieser Action 30 Kanonen, 400 Wagen mit der Bagage der Armee und 5000 Gefangene sammt 4 Generals in ihre Gewalt gekommen! von dem Uebergange über den Tagliamento am 16. Merz bis zur Besetzung von Klagenfurt 30. Merz behauptet er 22,000 Gefangene gemacht zu haben. — Von seinem Verluste, der gewiß viele 1000 Mann betrug, schweigt er ganz still.

projecktirte allgemeine Angriff waren nun vereitelt, und dieser Tag wurde entscheidend. Die Hoffnung, welche man auf die Wichtigkeit des Postens, daß hier das Ziel der franz. Progressen seyn, und der Erzherzog wieder vorrücken würde, sezte, war nun auf einmal vereitelt, Prinz Carl mußte statt offensive, jezt defensive agiren. Er ließ die Armee in verschiedenen Corps bis St. Veit retiriren, von da sie am 30 Merz bei dem Andringen der feindlichen Uebermacht und der unhaltbaren Position bis nach Hohenfeld zurückgieng. Buonaparte drang mit überlegener Macht immer weiter vor; am 30 Merz wurde Klagenfurt besezt und Gen. Bernadotte zog in Laibach ein. Prinz Carl vermied geflissentlich eine entscheidende Bataille. Er brach vielmehr von Hohenfeld weiter auf und marschirte nach Knittelfeld. Von da zog sich ein Theil der Armee nach Oesterreich ob der Ens gegen Linz, der andere sezte sich in einer vesten Position zu Bruck an der Muhr; — und hier wollten die Teutschen die von allen Seiten herbeiströhmenden Verstärkungen an regulairen Truppen durchs Salzburgische, von der Rheinarmee ꝛc. und den allgemeinen Landsturm, die vielen tausend Freiwilligen erwarten, um sodenn dem Feinde vereint die Spitze zu biethen. Die Franzosen rückten inzwischen über Freysach vor und besezten am 3ten April Neumarkt in Steyermark, nachdem sie dort Tags vorher in einer Aktion gegen 200 Kaiserliche gefangen genommen hatten, und am

5ten

gten April zogen sie in Murau, Knittelfeld und Judenburg ein.

Im Tyrol war es, während der bisher erzählten Ereignisse, nicht weniger blutig hergegangen. Am 12. Merz bemächtigte sich der feindliche General Maßena an der Spitze von 20000 des Postens von Bellune, welchen die leichten k. Truppen noch auf dem Venetianischen Gebiete besetzt hatten, worauf er, wie schon S. 50. gesagt worden, am 13ten den Gen. Lusignan, welcher mit ohngefehr 2000 Mann die Straße von Belluno nach Piave di Cadore vertheidigte, angriff, und nachdem sich dieser brave General den ganzen Tag wider die große Uibermacht vertheidigt hatte, zulezt aber von allen Seiten umringt und die Retirade abgeschnitten war, ergeben mußte Dem Feinde kostete jedoch dieser Vortheil an Todten und Verwundeten beinahe 1000 Mann. Nach diesem Vorfalle besetzten die Franzosen Feltre, Belluno und Cadore und rückten gegen Botzen vor. Am 20 Merz formirte der Feind einen heftigen Angriff auf das Corps des nunmehr im Tyrol kommandirenden F. M. L. Bar. **Kerpen** Bei Salurn im Zentrum und auf dem rechten Flügel gegen Einsberg wurde er repoussirt, aber auf dem linken Flügel im Fleimserthal drang er mit der Hauptmacht durch und trieb die Teutschen mit einem Verlust von mehreren Hunderten, wobei auch die tapfern Tyroler Schützen Compagnien unter Graf **Kuhn** viel litten, zurück. Kerpen räumte

nun

nun Salurn, zog sich nach Neumarkt, verließ aber demnächst auch dieses, Botzen und Brixen, wo die Franzosen am 22. und 24. Merz einzogen. Der k. General, um die Verbindung mit dem Pusterthal zu erhalten und Insprug zu decken, wendete sich nach der Clause oberhalb Brixen und auf die Anhöhen von Mühlbach. Gen. Loudon verließ vor der Uebermacht Meran und zog mit seinem Corps ins Vinstgau. Als hernach Kerpen Nachricht erhielt, daß der Paß Pantoffel (s. S. 51.) in Feindes Händen und solchem dadurch der Eingang nach Kärnthen eröffnet sey, zog er seine Truppen zusammen, verlegte das Hauptquartier nach Sterzingen und vertheidigte den Paß nach Insprug und die Brücke bei Mitterwald zwischen Brixen und Sterzingen. Bei dieser Gefahr erwachte der alte Patriotismus der Tyroler in seinem ganzen Glanze. Auf den Aufruf des verdienstvollen Landes Commißairs Grafen von Lehrbach, eilte alles zu den Waffen; ein allgemeiner Landsturm wurde verordnet. Alle Mannschaft von 15 — 60 Jahren griff zu den Waffen, eilte zur Vertheidigung des Vaterlandes und um den alten Ruhm zu behaupten. Schon waren am 31. Merz über 60000 Landesvertheidiger und Schützen unter ihren Offiziers, (von denen sich viele ausnehmend auszeichneten, welche aber als Muster mit Namen aufzuzeichnen, der Raum nicht erlaubt) bey Mitterwalde, Mühlbach, Meran, im Wippthal, Vinstgau rc. versammelt und noch strömten mehrere herbey. Die

Expresfungen und Greuelthaten *), womit die Franzosen ihre Schritte in Tyrol bezeichnet hatten, trugen vieles dazu bey, daß die braven Einwohner desto lieber zu den Waffen griffen und den Feind vertreiben halfen.

Die Kayserlichen fühlten sich nun stark genug gegen den feindlichen kommand. General Joubert Angrifs weise zu Werke zu gehen. Gen. Loudon, welcher, wie schon gesagt, bisher bey Merau gestanden hatte, um das Vinsthal zu decken, grif am 2. April mit 6000 Mann vom Landsturm und seinem Korps regulairer Truppen die in jener Gegend befindlichen Franzosen an, rückte gegen Jenesien, konnte ihnen an jenem Tage aber nichts anhaben, ob sie gleich über 600 Mann verlohren. Am 3ten wiederholte er jedoch den Angriff mit beßeren Erfolge, schlug sich tapfer auf den Gebürgen und besezte am 4. Apr. bereits Botzen wieder. Nun fieng der Feind aus dem Pusterthal zu retiriren an. F. M. L. Kerpen rückte von Sterzing vor, und vereinigte sich mit dem Gen. Laudon. Der brave Hauptmann Graf Neipperg drang bis Neumarkt vor und sperrte dem Feinde den

*) Mancher Franz. Offizier fiel bey dem Rückzuge durch die Stutzen der Tyroler. General Delmas, welcher sich übel betragen hatte, war unter dieser Zahl. Man rechnet, daß die Franzosen 7000 Mann auf der Retirade verlohren haben. Tyrol, dieses kleine Land gab ein lehrreiches Beyspiel, was Eintracht, Biedersinn, Patriotismus und Vereinigung der Kräfte vermag!

den Rückzug nach Trident, wobey 500 Franken blieben. Am 5ten wurde der Posten Clausen und Seben und am 6ten Brixen besetzt, worauf Loudon am 9ten auch **Lavis** nach einem hitzigen Gefechte einnahm. F. M. L. Kerpen rückte über Mühlbach vor, jagte den Feind aus dem ganzen Pusterthale, zog am 10. Apr. in Niederndorf ein, zwang ihn Lienz zu verlassen, und schnitt ihn von Steyermark und Cärnthen ab. Am nemlichen Tage nahm Loudon wieder Besitz von Trident, schlug sich glücklich, machte 400 Gefangene, eroberte 12 Kanonen, besetzte Roveredo, Torbole und Riva und jagte die Franzosen nach Rivoli. Graf Neipperg war nach gänzlicher Befreiung Tyrols schon bis **Verona** vorgedrungen. Alles kündigte den glücklichsten Fortgang und um so mehr auf dieser Seite an, als durch das unausstehliche Betragen der Franzosen endlich gereitzt, die ganze Gegend des Venetianischen Gebiets bey Verona *) eben jetzt im Aufstande war, ein Korps in Verona eingeschlossen und die Communikation mit Mantua und Mayland abgeschnitten hatte, auch die Kayserlichen und Tyroler zu Hülfe und gemeinschaftliche Sache zu machen, rufte. Alle Umstände, sage ich, vereinigten sich zum Vortheile der Kayserlichen und kündigten die Niederlage Buonaprtes und seiner Korps an, als am 18. Apr. die Nachricht von dem zwischen den beeden

*) Mann sehe den aus der Inhalts-Anzeige ersichtlichen Artickel von Venedig.

beeden Hauptarmeen am 7. Apr. geschloßenen Waffenstillstande einlangte und den glücklichen Progreßen der Teutschen ein Ziel, die gerade zu ungelegener Zeit aber aufgestandenen Venetianer in eine misliche Lage setzte. — Neipperg und der Franz. Gen. Battaud regulierten die Waffenstillstands-Linie in Verona.

Nicht blos in Tyrol sondern auch in andern Gegenden des Kriegsschauplatzes hatte das Glück den Kayserlichen um diese Zeit wieder zugelächelt. Während Buonaparte immer weiter gegen Oesterreich vordrang, sammelte Oberst Casimir des Carlstädter Szluiner Regiments einige 1000 Mann in Croatien und marschierte gegen den am 4 Apr. vom Feinde besetzten Hafen und Stadt Fiume, ängstigte es von der Land und Seeseite, verjagte das feindliche Korps, machte etliche 80 Mann mit 3 Offiziers gefangen, und besetzte die Stadt am 10ten Apr. wieder. Der Oberst verfolgte den Feind über St. Mathia und Lippa. Am 14ten attakirte er denselben von 2 Seiten zugleich, bey Dorneck auf der Laybacher Straße, und in Triest. Am ersten Orte blieben mehr als 100 auf dem Platze, etliche 30 wurden gefangen, 1 Kanone erobert und derselbe über Adelsberg, Prewald und Wippach in die Flucht gejagt. Es vereinigten sich viele Bauern mit seinem Korps, erschlugen die feindlichen Dragoner in ihren Dörfern, vertrieben die andern und drangen unter beständigen Gefechte in Triest ein, wo sich die Garnison zu Gefangenen ergeben mußte.

Der

Der Verlust an diesem Tage belief sich über 1000 Mann. Der größte Theil Contributionen, der in Waaren geliefert worden war, und andere zum Einschiffen dahin gebrachte Sachen, im Werth 2 Millionen, fiel den Siegern in die Hände, so wie auch 22 für die Franz. Armee bestimmte Kisten mit Geld. Kaum war Triest erobert und vorstehendes glücklich ausgeführt, als die Nachricht von dem getroffenen Waffenstillstande eintraf, auch hier Ruhe geboth, und den Obristen Casimir hinderte sein Glück weiter zu verfolgen.

Während den bisher erzehlten Vorfällen hatte sich, wie schon oben gesagt worden, die Kayserliche Armee in Steyermark bis über die Muhr zurück gezogen. Eine Colonne setzte sich bey Steyer auf dem Wege nach Linz, wo sie die durchs Salzburgische anziehenden Truppen erwartete, und eine andere Abtheilung zog nach Wienerisch Neustadt zur Unterstützung des aufgebotenen Landsturms. Bey Annäherung der Gefahr für die Hauptstadt Wien und das Herz der Kayserlichen Staaten wurden nemlich die Einwohner Wiens und des Lands zur Vertheidigung des Vaterlandes, der Religion und des beßten Fürsten aufgefordert, — und alles eilte gern zu den Waffen und an die angewiesenen Sammelpläze. Wien allein stellte etliche 30,000 freywillige Krieger welche unter Anführung des tapfern Herzogs Ferdinand von Würtemberg 2c. des Gen. Schubirz, Argenteau, Lichtenberg und Grafen Berzeni gegen den Feind auszogen; außer einer großen Anzahl Bürger zur Vertheidigung der Stadt und Linien selbst, wenn der Nothfall eingetretten wäre. Die Studenten, Kaufleute, Landstände rüsteten aus ihrem Mittel und auf eigne Kosten schöne Korps aus. In Ober und Niederösterreich wurde der Landsturm aufgeboten und rückte gegen den gemeinsamen Feind. Die Ungarn *) beschloßen am 12. Apr. die allgemeine Insurektion, an deren Spitze ein Fürst Esterhazy, Graf Caroly rc. stand. Es formirte sich außerdem ein adeliches Korps zu Pferde, das allein etliche 20000 Mann betrug. Die Fürsten Esterhazy, Ludwig und Johann Lichtenstein wollten ihre zahlreichen Unterthanen selbst ins Feld führen. Böhmen, Mähren organisirte bereits ebenfalls den Landsturm: und kurz, die Einwohner aller Provinzen des Hauses Oesterreich griffen zu den Waffen. Die Zahl der Landesvertheidiger betrug mehrere hundert Tausende.

Buonaparte war siegreich bis nach Steyermark und Oesterreich vorgedrungen; aber nun standen vor ihm 200,000 entschloßene, freiwillige Streiter. Hinter einer Kette von Redouten

*) Ungarn hat seit Anfang des Kriegs nur bis Ende 1796 nachstehendes an freiwilligen Kriegsbeyträgen gegeben, welches zusammen die Summe von 14,227,278 fl. beträgt: nemlich 8 Millionen baar Geld, 7 Millionen Metzen allerley Getraidte, 20,000 Schlachtochsen, 12000 Pferde rc. Dazu kommen noch 115,614 Rekruten, — außer den vielen weit mehr betragenden Beyträgen einzelner Personen. — Und nun stellte diese tapfere Nation eine ansehnliche Macht zu Fuß und zu Pferde ins Feld.

ten war der Vortrapp der regulirten Armee von 22000 Mann unter Gen. Seckendorf mit einem Artillerie Park von 300 Feuerschlünden in 2 Treffen postirt. Hinter seiner Flanke hatten 60000 Tyroler und reg. Truppen bereits seinen linken Flügel geschlagen, und Gen. Laudon stand ihnen, wie oben angeführt worden, schon im Rücken. Die Venetianer waren im vollen Aufstande, schlugen alles, was Franzos hieß, todt, und hatten 40,000 Mann stark schon die Päße besetzt, durch welche er seinen Rückzug nehmen mußte. Rechter Seite im Rücken war Triest und Fiume wieder weggenommen und viele Tausende bewafnete Croaten und Einwohner des Littorale kamen nun herangezogen. Auf der rechten Flanke war der Aufstand der Ungarischen Nation beschloßen und die ersten 50000 näherten sich bereits. — Mit solchen Gefahren sahe sich Buonaparte umrungen und merkte gar bald das Mißliche seiner Lage, aus welcher ihn blos ein Mittel retten konnte. Er ergriff solches, und schrieb am 31. Merz an den Erzherzog Carl, „ob denn keine Hoffnung vorhanden sey, den Frieden nach „einem schon so lange angedauerten Kriege wieder „herzustellen?" Worauf der Prinz am 2. Apr. antwortete: „daß er dazu nicht bevollmächtigt „sey, und über einen Gegenstand von so äußerster „Wichtigkeit erst höhere Befehle abwarten müße." Am 7. Apr. darauf erhielt Buonaparte in seinem Hauptquartier Judenburg eine offizielle Note von den k. k. Generals Grafen **Bellegarde** und

Meer-

Meerfeldt, welche mit Vollmacht zur Abschließung eines vorläufigen Waffenstillstandes versehen waren, und worauf noch am nemlichen Tage der aus der Note ersichtliche Waffenstillstand *) zu

*) Bedingungen des Waffenstillstandes vom 7. April. Der General Buonaparte, Obercommandant der Französischen Armee in Italien rc. Und Ihro Königl. Hoheit, der Erzherzog Carl, Obercommandant der Kayserlichen Armee, wollten die Friedensunterhandlungen erleichtern, welche jetzt eröffnet worden, und sind daher über folgende Punkte übereingekommen: Art. 1. Vom 7. April Abends an, biß zum 13. April Abends, soll zwischen der Französ. und Kaiserl. Armee ein Waffenstillstand bestehen. Art. 2. Die Franz. Armee besetzt folgende Linie: Die Vorposten des rechten Flügels dieser Armee bleiben in der Stellung, wo sie heute zwischen Fiume und Triest sind. Die Linie wird fortgesetzt über Treffen, Lithay, Zilli, Windisch-Weistriz, Marburg, Ehrenhausen, an dem rechten Ufer der Mur über Grätz, Leoben, Bruck, Trasenach, Mautern, den Weg von Maurern bis nach Rottenmann, Irning, das Thal von der Ens biß Rastadt, St. Michel, Spital, das Draunthal, Lienz. Art. 3. Der Waffenstillstand gilt gleichfalls für Tyrol. Die Generale, welche die Franz. und Kaiserl. Armee daselbst commandiren, werden mit einander die Posten verabreden, welche sie besetzen wollen. Die Feindseligkeiten sollen in Tyrol nicht eher als 24 Stunden, nachdem die Obergenerale deswegen übereingekommen sind, und in jedem Falle, erst 24 Stunden nachdem die Generale, welche die Franz. und Kaiserl. Truppen in Tyrol commandiren, einander davon werden benachrichtiget haben, wieder ihren Anfang nehmen. Geschehen zu Judenburg, den

zu Stande und Buonaparte dadurch auch noch in Besitz von Grätz (wo er am 10. Apr. einzog) Bruck und Rottenman kam.

Der Waffenstillstand gieng mit dem 13. Apr. zu Ende, ohne daß man in Betreff der Friedensbedingungen hatte übereinkommen können, indem die Kayserl. Bevollmächtigten mehrere Forderungen der Franzosen unmöglich eingehen konnten. Indessen wurde die Waffenruhe immer um einen Tag verlängert. Am 12. Apr. gieng der Kön. Neapolitanische Bothschafter zu Wien Marquis de Gallo zu dem General Buonaparte ab. Zugleich kam Graf Meerfeld mit neuen Instrucktionen im Franz. Hauptquartier an, und der Gen. Adjut. B. Vincent wurde mit noch weitern Bestimmungen nachgeschickt. Die Verhandlungen geschahen in dem ehemaligen, nun aufgehobenen, Benedicktiner Frauenkloster zu Göß, ¼ Stunde von Leoben in Obersteyermark, wo endlich in der Nacht vom 17. auf den 18. Apr. die Friedenspräliminarien auch glücklich zu Stande kamen; von Kayserl. Seite durch den Gen. Meerfeld und Marquis de Gallo, von Franz. aber durch Gen. Buonaparte und Clarke in einem Gartenhauße des Herrn von Eggenwald in Leoben selbst unterzeichnet wurden. Die Hauptpunkte dieses Vertrags waren: 1) Die Abtretung Belgiens

den 7. April 1797. Unterschrieben Meerfeld, General Major; der Graf von Bellegarde, Gen. Lieut. in Kaiserl. Diensten; Buonaparte, Obergeneral der Französischen Republik.

giens an die Französische Republick von Seiten des Kaysers Königs. 2) Die Anerkennung der Grenzen Frankreichs, wie sie durch die Gesetze der Republick bestimmt worden. 3) Die Errichtung und Unabhängigkeit einer Republick in der Lombardie. — Die erste wohlthätige Folge von den geschloßenen Präliminarartickeln war, daß die Französischen Truppen die Innerösterreichischen Provinzen und das Littorale räumten, so daß die letzten Grätz am 28. Apr. verließen und Anfangs May jene Lande bereits wieder mit teutschen Militaire besetzt waren. Indessen blieben die Begebenheiten zwischen den Präliminarien und definitiv Frieden räthselhaft, auffallend und die Unterhandlungen hiengen oft an einem dünnen Faden. Oesterreich setzte seine Kriegsrüstungen mit außerordentlichen Eifer fort. Die Armee an den Italienischen (Venetianischen) Grenzen wurde auf 100,000 Mann unter den Generals Wallis und Terzy vermehrt, und in einen solchen Stand gesetzt, daß sie stündlich aufbrechen und vorrücken konnte. Die aus Wien gegen Wiener Neustadt ausgezogenen Freywilligen, etl. 30,000 Mann stark, kehrten zwar zurück, aber die Ungarische Insurrektions-Armee wurde so wenig aufgehoben, daß ein Theil vielmehr gegen das Venetianische Dalmatien in Marsch gesetzt wurde. Zu Ende May erfolgte endlich zu Udine die Auswechslung der Ratifikationen der Präliminarien, und kurz darauf rückte ein Theil des Kayserl.

Königl.

Königl. Militärs vor und ins Venetianische Gebiet ein. Am 10. Juny besetzten die Kayserlichen Capo d' Istria *) die Hauptstadt des Venetianischen Istriens, ferner Muggia, Isola, Pirano, Rovigno. Obrist Casimir nahm das Istrische Littorale bis Albane und die Inseln Veglia, Cherso, Lusingrande, Osero, Arbe und Pago in Besitz; so, daß die ganze Provinz Istrien in Oesterreichischen Händen war. Eine ähnliche Besitznahme geschahe mit dem Venetianischen Dalmatien. Die Hauptstadt Zara leistete am 1. July den Eyd der Treue; Spalatro, Knien, Ulaßen, Sebenico folgten bald nach, und General Kukovina besetzte darauf am 14ten August auch Kattara bey Ragusa. In einem Manifeste bewies der Kayser sein Recht auf diese Provinzen, und zwar als König von Ungarn; indem diese Provinzen vormals ganz zu Ungarn gehört haben, und nur in der Folge zum Theil von den Venetianern und Türken abgerissen worden sind.

Während

*) Ein öffentliches Blatt giebt den Flächinnhalt des Venetianischen Istriens und Dalmatiens, den Strich von Albanien miteingerechnet, der Küstenlänge nach über 180 und die Breite auf 18 Meilen, die Volksmenge aber auf 350,000 Menschen an. Der Boden ist gut, und könnte vielmehr Einwohner nähren. Capo d' Istria ist ein treflicher Hafen, Vestung und Seestadt. Istrien und Dalmatien werden dem Hauße Oesterreich wegen der Verbindung mit Ungarn, dem Handel, der Schiffarth und einer Seemacht von der größten Wichtigkeit seyn.

Während dieser Zeit wurde anfänglich zu Montebello und hernach zu Udine an dem definitiv Frieden *) gearbeitet. Die Ungewisheit über Krieg oder Frieden dauerte noch immer fort; bald erhoben sich trübe Wolken, und fürchterliche Drohungen, bald schien die Unterzeichnung nahe zu seyn. Bis in July arbeitete man zu Montebello, und zwar von Kayserl. Seite Graf Meerfeld und Marquis Gallo, und von Französischer Buonaparte und Clarke, und man versprach sich den beßten Erfolg, als auf einmal eine Stockung in den Unterhandlungen eintrat. Alles gewan wieder ein kriegerisches Aussehen. Die Kayserl. Armee erhielt Befehl zum Vorrücken, und die Franzosen rüsteten sich desgleichen in ihrer Stellung an den Venetianischen Grenzen. Endlich aber gieng der Marquis de Gallo nebst dem Kays. Königl. Gesandten in der Schweitz Bar. Degelmann im August nach Udine, wohin auch Buonaparte kam, aber das Schloß Paßeriano ohnweit Udine bezog, dahin sich die Kayserl. Königl. Bevollmächtigten in der Folge begaben. Hier fiengen die Unterhandlungen neuerdings an, und

*) Auf Verwenden des Pariser Direktoriums und des Gen. Buonaparte wurde der seit dem ersten Feldzuge gefangen sitzende bekannte General La Fayette nebst Frau und Kindern, der Gen. de la Tour Maubourg nebst Familie und Bruder, Capitaine Bureau de Busy, Louis Romeuf, Villaume, Pillet rc. des Arrestes entlassen und vom Kayserl. Königl. Major Aurheimer bis nach Niedersachsen geführt. Man sehe den 1. Theil dieser Geschichte.

und der Courierwechsel war stärker als je. Plötzlich aber erfolgte am 4. Sept. eine neue Revolution in Paris, durch welche die Häupter der moderirten Parten, die um die Republick äußerst verdienten Direktors Barthelemy *) und Carnot, **) samt Pichegrü, welcher der Nation so viele glänzende Siege gewonnen, nebst 65 andern gut gesinnten Mitgliedern aus beyden Räthen arretirt, Landes Verraths und Einverständniß mit dem Prinzen Conde und Ludwig 18. beschuldigt, und ohngehört nach Cayenne in Südamerika deportirt wurden: von wo sich jedoch die namentl.

genan-

*) Welcher als Gesandter in der Schweitz, die aus den vorigen Theilen dieser Geschichte bekannten vortheilhaften Friedensschlüße zu Stande gebracht hatte. — Eine andere Folge dieser Revolution war die Verbannung der noch in Frankreich übrigen Zweige der Bourbonischen Familie, nemlich der verwittibten Herzogin von Orleans, der Prinzeßin Therese Mathilde und des Prinzen Conty, denen Barcellona in Spanien zum Aufenthalte angewiesen, und wovon ersterer jährlich 100,000, letzteren aber 50000 Livres versprochen wurde. — In den Fall von Barthelemy wurde Moreau (s. S. 14.) mit verwickelt und dessen Commando erhielt Augerau, welcher sich bey der erwehnten Revolution verdient gemacht und die Deputirten arretirt hatte. Statt Barthelemy und Carnot kamen Merlin (Sohn eines Landmanns, vorher Advokat) und Francois von Neufchateau ins Directorium. Letzterer ist eines Schulmeisters Sohn aus Lothringen.

**) Welcher die Plane zu den glänzenden Feldzügen gemacht hatte.

genannten 3 nebst verschiedenen andern in der Folge durch die Flucht nach England retteten. Diese Veränderung erregte Besorgniße, daß das ganze Friedenswerk sich zerschlagen, und die ans Ruder gekommene strenge Parten für den Krieg stimmen würde. Buonaparte erklärte auch, daß er bey diesen Umständen in den Unterhandlungen nicht weiter gehen, sondern erst neue Instruktionen abwarten müße: worauf Gallo ebenfalls um neue Befehle den Gen. Meerfeld selbst nach Wien sandte. Indessen war das Ultimatum vom neuen Direktorio bald angekommen, und der Kayser schickte nun den Grafen **Cobenzl** mit dem Contra Ultimatum nach Görz ab, welcher dasselbe durch Gen. Meerfeld von da aus an den Marquis Gallo sendete. Er hatte Auftrag, wenn man sich einverstehen könnte, sich selbst nach Udine zu verfügen, und den Frieden zu unterzeichnen, widrigenfalls aber sollte er sogleich den Befehl zum Angriffe an die Armee erlassen. Alle Truppen hatten Ordre sich fertig zu halten und waren zum Theil schon an die Grenze vorgerückt. Die Aussichten waren von der Art, daß **Cobenzl** am 26. Sept. nach Udine reißte, und am 27. eine Conferenz zwischen den K. K. Bevollmächtigten und Buonaparte statt hatte, worauf die Kays. und Franz. Truppen sich wieder zurückzogen und eine Verlängerung des Waffenstillstandes zu Stande kam. Die Diskußionen wurden nun äußerst lebhaft. Die Conferenzen waren abwechselnd zu Udine, und dem dem Exdoge von Venedig gehörigen prächtigen Schloße Paßeriano 1. Meile

Meile von Udine, wo Buonaparte wohnte. Am 9ten 12ten und besonders am 17ten Okt. waren die lebhaftesten Debatten; öfters stund es auf dem Punkte, daß die Unterhandlungen abgebrochen werden sollten. Endlich, gerade, als der 6 monatliche Waffenstillstand von Unterzeichnung der Präliminarien in Leoben am 17. Apr. angerechnet, zu Ende gieng, am 17. Okt. Abends 8. Uhr wurde, der Friede zu Campo Formido, einem kleinen Dörfchen zwischen Udine und Paßeriano unterzeichnet, das Instrument am 18. Okt. ordentlich ausgefertigt, und hiernächst, wie oben S. 17 bereits angeführt worden, die Ratifikationen gegeneinander am 1. Dez. in Rastadt ausgewechselt. *) Durch diesen Friedensschluß und nament-

*) Definitiv-Friedens-Traktat zwischen dem Kaiser als König von Ungarn und Böhmen und der französischen Republik.

Nachdem Se. Maj. der Röm. Kaiser und König von Ungarn und Böhmen und die Republik Frankreich beschlossen haben, den Frieden zwischen ihnen zu befestigen, wozu durch die am 18ten April 1797 (29. Germinal des 5ten Jahres der Republik) unterzeichneten Präliminarartikel die Grundlagen festgesetzt worden sind, und zu dem Ende zu ihren Bevollmächtigten ernannt haben: Seine K. K. Maj. den Herrn D. Martius Matrilly, edlen Patricier von Neapel, Marquis von Gallo, Ritter des Königl. Ordens des H. Jannarius, Kammerjunker Sr. Majestät des Königs beyder Sicilien, und derselben ausserordentlichen Abgesandten am Wiener Hofe. Den Herrn Ludwig des H. Röm. Reichs-

namentlich dem 6. Artikel bekam das Haus Oesterreich den größten Theil ($\frac{2}{3}$.) der weiland Republik

---

Reichsgrafen von Cobenzl, Großkreutz des kön. ungar. St. Stephans-Ordens, wirklichen geheimen Staatsrath und Kämmerer höchstgedachter Sr. K. K. Apostol. Maj. und derselben außerordentlicher Bothschafter bey Sr. Russisch Kaiserl. Maj. Den Herrn Maximilian Grafen von Meerfeld, Ritter des deutschen und des militärischen Marien-Theresienordens, Kämmerer und Generalmajor in den Armeen höchstgedachter Sr. K. K. Majestät. Und Hrn. Ignaz Freyh. von Degelmann bevollmächtig-Minister Sr. K. K. Maj. bey der Helvetischen Republik. Und die Französische Republik den Obergeneral der Französischen Armee in Italien, Buonaparte: so haben diese nach Auswechslung ihrer beyderseitigen Vollmachten, folgende Artikel mit einander festgesetzt. Art. I. Es soll in Zukunft und auf ewige Zeiten ein unwandelbarer und heiliger Friede zwischen Sr. R. K. Maj. ihren Erben und Nachfolgern und dem französischen Freystaate statt finden. Beyde Theile werden die größte Aufmerksamkeit anwenden, eine vollkommene Eintracht zwischen ihnen und ihren Staaten zu erhalten, sie werden von jetzt an von beyden Seiten nicht die geringste Feindseligkeit weder zu Wasser noch zu Lande, aus keiner Ursache, und unter keinerley Vorwande gegen einander zulassen noch unternehmen, und sorgfältig alles vermeiden, was in Zukunft diese so glücklich hergestellte Einigkeit stören könnte. Sie werden auch weder mittelbar noch unmittelbar denjenigen einige Hilfe oder Schutz angedeihen lassen, welche einen oder den andern Theile auf irgend eine Weise beeinträchtigen möchten. Art. II. Sogleich nach Auswechslung der Ratificatio-

publik Venedig, welcher zu 620 Quad. Meilen, 1,800,000 Menschenzahl, und 7. Mill. jährlicher Reve-

---

fikationen des gegenwärtigen Tractats werden die contrahirenden Theile alle Sequestrationen aufheben, welche auf die Güter, Rechte und Einkünfte der einzelnen Unterthanen ihrer wechselseitigen Territorien und damit vereinigten Länder, oder auf die Güter, Rechte und Einkünfte der darin gelegenen öffentlichen Anstalten, gelegt worden sind. Sie machen sich anheischig, alles zu bezahlen, was sie an dergleichen Unterthanen und öffentliche Anstalten wegen geliehener Capitalien schuldig sind, und alle Renten, welche zu Gunsten derselben gestiftet worden sind, zu bezahlen oder zu ersetzen. Der gegenwärtige Artikel wird auch auf die Cisalpinische Republik ausgedehnt. Art. III. Se. K. K. Maj. entsagen für sich und ihre Nachfolger zu Gunsten der Französischen Republik allen ihren Rechten und Ansprüchen auf die ehemaligen Belgischen Provinzen, bekannt unter dem Namen der Oesterreichischen Niederlande. Die Französische Republik soll diese Länder auf immer mit allen Rechten der Landeshoheit und des Eigenthums, nebst allen davon abhängenden Territorialgütern besitzen. Art. IV. Die Französische Republik übernimmt alle Schulden, welche vor dem Ausbruche des Kriegs auf dem Grund und Boden der genannten Länder eine Hypothek erhalten haben, und worüber in der gewöhnlichen Form Urkunden ausgestellt worden sind. Die Bevollmächtigten Sr. Kaiserl. Majest. werden den Etat derselben, so bald als möglich, und noch vor Auswechslung der Ratificationen, dem Bevollmächtigten der Französischen Republik übergeben, damit die Bevollmächtigten beyder Mächte gleich nach den Auswechslungen die

Revenüen berechnet wird. Dagegen verlor daßselbe 1) die Niederlande, enthaltend 533 Quad. Meilen,

die nöthigen Zusätze und Erläuterungen zu diesem Artickel verabreden und unterzeichnen können. Art. V. Se. K. K. Maj. willigen ein, daß die Französische Republik die ehemaligen venetianischen Inseln der Levante, nämlich: Corfu, Cefalonien, Zante, St. Maur, Cerigo nebst andern davon abhängigen Inseln, wie auch Butrinto, Larta, Venizza und überhaupt alle ehemalige Venetianische Niederlassungen in Albanien unterhalb des Meerbusens von Lodrino mit allen Rechten der Landeshoheit eigenthümlich besitze. Art. VI. Dagegen willigt die Französische Republik ein, daß Se. K. K. Majestät mit der vollständigen Landeshoheit folgende Länder eigenthümlich besitze, als: Istrien, Dalmatien, die ehemaligen Venetianischen Inseln des Adriatischen Meeres, die Mündung des Cattaro, die Stadt Venedig, die Lagunen, und alle Länder, welche zwischen den Erbstaaten Sr. K. K. Maj. dem Adriatischen Meere und einer Linie gelegen sind, welche von Tirol ausgeht, an dem Waldstrom herunter vorwärts nach Gardola, durch den Garde-See bis nach Lacise lauft. Von da aus soll eine beyden Theilen gleich vortheilhafte militairische Linie bis nach San Giacomo noch vor Auswechslung der Ratificationen des gegenwärtigen Traktats durch von beyden Theilen zu ernennende Ingenieuroffiziers gezogen werden. Dann soll die Grenzlinie bey den Giacomo über die Etsch gehen, und am linken Ufer dieses Flusses bis zum Einfall des weissen Canals hinlaufen, mit Einschluß des auf der rechten Seite der Etsch liegenden Theiles von Porto-Legnano und einem Umkreis um dasselbe von 3000 Toisen. Dann wird sie

Meilen, 2 ½ Mil. Einwohner, 6,300,000 jährliche Einkünfte; wovon aber 3 Mill. für jährliche Inte-

sie am linken Ufer des Tartaro, und des Canals die Polisella genannt bis zu dessen Einfall in den Po und endlich am linken Ufer des größern Po fortgehen bis an das Meer. Art. VII. Se. K. K. Maj. begeben sich auf ewig für sich und ihre Erben und Nachfolger, zu Gunsten der Cisalpinischen Republik, aller ihrer Rechte und Ansprüche, welche sie auf diejenigen Länder aus irgend einem Grunde noch machen könnten, die sie vor dem Kriege besaßen, und die jetzt einen Theil der Cisalpinischen Republik ausmachen. Diese Republik soll jene Länder mit allen landesherrlichen Rechten und allen davon abhängenden Territorialgütern eigenthümlich besitzen. Art. VIII. Se. K. K. Maj. erkennen die Cisalpinische Republik als unabhängige Macht. Diese Republik begreift: die ehemalige Oesterreichische Lombardie, Stadt und Gebiet von Bergamo, Brescia, Cremona, Mantua nebst der Festung Peschiera, die ehemaligen Venetianischen Länder auf der Süd und Westseite der Linie, welche im VI. Art. als die Gränze der Italienischen Staaten Sr. Maj. des Kaisers festgesetzt wurde; das Gebiet von Modena, die Fürstenthümer Massa und Carrara, und die drey Legationen von Bologna, Ferrara nnd Romagna. Art. IX. In allen durch den gegenwärtigen Traktat abgetrettenen, erworbenen oder vertauschten Ländern, wird allen und jeden Einwohnern und Besitzern die Aufhebung der Sequestrationen zugestanden, welche wegen des Kieges zwischen Sr. K. K. Maj. und der Republik Frankreich auf die Güter, Effecten und Einkünfte derselben gelegt worden sind, ohne daß sie wegen ihrer Güter und Personen deshalb im

Interessen von 95 Mill. Schulden abzurechnen kommen und folglich nur 3,300,000 Ueberschuß blieb.

---

im Geringsten dürfen beunruhigt werden. Diejenigen, welche in Zukunft ihren Wohnsitz in diesen Ländern verlassen wollen, sollen gehalten seyn, dieses binnen 3 Monaten von der Publication des Definitivfriedenstraktats an zu erklären. Alsdann wird ihnen eine Frist von 3 Jahren gestattet, um ihre bewegliche und unbewegliche Güter zu verkaufen, oder sonst darüber zu verfügen. Art. X. Alle auf den abgetretenen, erworbenen oder vertauschten Ländern haftenden verhypothecirten Schulden fallen den jetzigen Besitzern dieser Länder zur Last. Art. XI. Die Schiffahrt auf den Theilen der Flüsse und Canäle, welche den Besitzungen Sr. K. K. Maj. und der Cisalpinischen Republik zur Grenze dienen, soll frey, und keine dieser Mächte befugt seyn, einen Zoll darauf anzulegen, oder ein bewaffnetes Kriegsfahrzeug darauf zu halten, welches doch die zur Sicherheit der Festung Porto-Legnano nöthige Maaßregeln nicht ausschließt. Art. XII. Alle Kaufcontrakte oder Veräusserungen, alle Verbindlichkeiten welche die Städte, die Regierung oder die bürgerlichen und Administrations-Obrigkeiten der ehemaligen Venetianischen Länder bis zum Datum der Unterschrift des gegenwärtigen Tractats zum Unterhalt der deutschen und Französischen Armeen übernommen oder abgeschlossen haben, werden bestätigt und als gültig betrachtet. Art. XIII. Die Domanial-Urkunden und Archive der verschiedenen durch diesen Vertrag abgetretenen oder vertauschten Länder, sollen binnen drey Monaten, von Zeit der Auswechslung der Ratificationen angerechnet, den Mächten ausgeliefert werden, welche das Eigenthum dieser Länder erworben haben.

blieb. 2) Mayland und Mantua mit 192 Quad. Meilen, 1,140,000 Einwohnern und jährlichen

3

---

ben. Alle Risse und Karten der Festungen, Städte und Länder, welche die contrahirenden Mächte durch den gegenwärtigen Tractat erwerben, sollen ebenfalls getreulich ausgehändigt werden. Eben so werden die Kriegspapiere und Register zurückgegeben, welche in dem ebenbeendigten Kriege der beyderseitige Generalstab verlohren hat. Art. XIV. Beyde contrahirenden Theile, beyderseits von dem Verlangen beseelt, alles aus dem Wege zu räumen, welches das gute Einverständniß stören könnte, das so glücklich zwischen ihnen hergestellt ist, geben einander die feyerlichste Versicherung, alles, was in ihren Kräften steht, zur Erhaltung der innerlichen Ruhe in ihren beyderseitigen Staaten beyzutragen. Art. XV. Es soll sogleich ein Handelstractat auf billige Bedingungen abgeschlossen werden, wodurch Sr. Kayserl. Königl. Maj. und der Französischen Republik dieselben Vortheile zugesichert werden, welche die in ihren beyderseitigen Staaten am meisten begünstigten Nationen genießen. Bis dahin sollen alle Communications- und Handelsverhältnisse auf den Fuß wie vor dem Krieg gesetzt werden. Art. XVI. Wegen politischer Meinungen oder wegen bürgerlicher, militairischer oder Handelsunternehmungen während des Krieges zwischen den zwey Mächten, soll kein Bewohner der Lande die von den Oesterreichischen und Französischen Armeen besetzt sind, weder mit seiner Person noch mit seinen Gütern in Anspruch genommen oder gekränkt werden. Art. XVII. Se. Kayserl. Königl. Maj. werden den Grundsätzen der Neutralität gemäß in keinem ihrer Häfen, so lange der jetzige Krieg daurt, ein bewaffnetes Fahrzeug aufnehmen, welches einer der Kriegführenden Mächte zugehörte. Art. XVIII.

3 $\frac{1}{2}$ Mill. Revenüen. 3) Das Breisgau, welches 155,000 Einwohner zählt, 59 Quad. Meilen

XVIII. Se. Kayserl. Königl. Majestät machen sich verbindlich, dem Herzog von Modena zur Entschädigung für die Länder welche der Prinz und seine Erben in Italien verlieren, das Breisgau abzutreten, welches er unter den nämlichen Bedingungen besitzen wird wie vormals Modena. Art. XIX. Die beweglichen oder unbeweglichen und noch nicht veräusserten Güter, welche Ihro Königl. Hoheiten dem Erzherzog Karl und der Erzherzogin Cristine in den Ländern besitzen, welche der Französischen Republik abgetreten worden sind, werden denselben zurückgegeben mit dem Beding, binnen drey Jahren dieselbe zu verkaufen. Das nämliche gilt von den beweglichen und unbeweglichen Gütern Sr. Königl. Hoheit des Erzherzogs Ferdinand in dem Territorium der cisalpinischen Republik. Art. XX. Es wird zu Rastadt ein Congreß gehalten werden, aber lediglich aus den Bevollmächtigten des deutschen Reichs und der Französischen Republik bestehend, um auch zwischen diesen zwey Mächten den Frieden wieder herzustellen. Dieser Congreß soll binnen Monatsfrist von Zeit der Unterschrift des gegenwärtigen Tractats eröffnet werden, oder wo möglich noch eher. Art. XXI. Alle beyderseitige Kriegsgefangene, alle genommene oder gegebene, und noch nicht wieder freygelassene Geiseln sollen binnen 40 Tagen von Zeit der Unterschrift des gegenwärtigen Tractats losgegeben werden. Art. XXII. Die Contributionen, Lieferungen, Fourmituren, und Leistungen zum Kriege, sie mögen Namen haben wie sie wollen, welche bisher in den beyderseitigen Ländern gefordert worden sind, hören auf von dem Tage der Auswechselung der Ratificatio-

len Flächeninnhalt hat, und 200,000 fl. reinen Revenüen Ueberschuß einbringt. Der ganze Verlust zusammen beträgt daher 784 Quad. Meilen, 3,795,000 Menschen, und 7 Mill. Einkünfte. Diesen von obigen Gewinn abgerechnet, bleibt allerdings dem Anscheine nach, noch Einbuße für den Kayser, welcher aber durch Arrondirung der Kayserl. Königl. Erbstaaten, den Besitz

tificationen des gegenwärtigen Tractats. Art. XXIII. Se. Kayserl. Königl. Majestät und die Französische Republik werden unter sich ganz dasselbe Ceremoniel in Ansehung des Ranges und der Etiquette beobachten, welches vor dem Kriege üblich war. — Se. Kayserl. Königl. Majestät und die cisalpinische Republik werden dasselbe Ceremoniel unter sich statt finden lassen, welches ehedem zwischen Sr. Kayserl. Königl. Majestät und der Republik Venedig in Gebrauch war. Art. XXIV. Der gegenwärtige Friedenstractat wird auch auf die Batavische Republik ausgedehnt. Art. XXV. Der gegenwärtige Tractat wird von Se. Kayserl. Königl. Majestät und der Republik Frankreich innerhalb 30 Tagen vom heutigen Tage angerechnet oder wo möglich noch er ratificirt, und die Ratificationsurkunden in der gehörigen Form zu Rastadt ausgewechselt werden.

Geschehen und unterzeichnet zu Campo Formido bey Udine, den 17. October 1797 (26. Vendem. im 6ten Jahr der Franz. Republik.)

Unterzeichnet: Buonaparte; Marquis von Gallo; Ludwig Graf Cobenzl; Graf von Meerfeld, General-Major; Freyherr von Degelmann.

sitz einer großen Strecke Küstenlandes längst dem Adriatischen Meere und mehrerer für den Handel, die Schiffart und Formirung einer Seemacht bequemen Häfen annoch aufgewogen wird. *)

Nach ausgewechselten Ratifikationen des Friedens Instruments, nachdem die Franzosen alles, was nicht nur ihnen selbst gehörte, sondern was sie nur immer von Venetianischen Eigenthum fanden und fortbringen konnten, aus den an den Kayser kommenden Vestungen, Städten und Landen herausgezogen, auch am Rheine schon das ganze linke Ufer sammt Maynz rc. besetzt hatten, (s. oben S. 17 — 25.) konnten die Kayserlichen erst unter Anführung des F. Z. M. Grafen Wallis und Gen. Terzy zu Anfang Jenners 1798 ins Venetianische vorrücken. Sie zogen am 9. in Udine, Cividale, und Montefalcone, am 10. in Palma nuova, demnächst über Baßano, Feltre, Belluno, Treviso und Mestre am 18. Jenner 1798 in Venedig, am 20. in Padua, und Vincenza, 21 in Verona, 22 in Legnano, und am 23. in Rovigo rc. unter dem Jubel des Volks ein; — worauf die erste Sorgfalt

*) Einzelne Familien büßten dagegen desto mehr ein, wie z. E. in den Niederlanden der Fürst Deligne 120,000 jährl. Einkünfte, die Herzoge von Urfel, Ahremberg, Looz, Croy, die Grafen Clairfait, Gontreuil, Beaulieu rc. verhältnismäßig. Man hatte zwar durch Art. 9. und 16. Vorkehrung deswegen getroffen, allein die Franzosen suchten unter allerley ihnen so gewöhnlichen Ausflüchten, die Wirkung derselben zu entkräften.

falt des Kaysers dahin gieng, dem durch die Franzosen und ihre Despoten hart mitgenommenen Lande Erleichterung zuverschaffen, die demokratische französische Regierungsform aufzuheben, dem neu erworbenen Staate allmählig eine, den übrigen Erblanden, soviel thunlich, gleiche Regierungsform zugeben, und das möglichste Glück über seine neuen Unterthanen zu verbreiten. *)

Venedig mußte, wie aus dem Friedens-Instrumente und dem bisher Angeführten ersichtlich ist, nach dem gemeinen Sprichworte, die Zeche bezahlen. Ein Theil der Länder dieses Freystaats, und zwar der größte, wurde nach dem Artickel 6. des obgedachten Friedens-Instruments dem Kayser zur Schadloshaltung gegeben; die Venetianischen Inseln der Levante, **Corfu**, **) **Zante**, **Cephalonien**, **St. Maure**, **Cerigo**

*) Einen kleinen Theil von Istrien und Dalmatien besaß das Haus Oesterreich bekanntlich vorher schon. An letztern haben noch die Türken und die Republik Ragusa Antheil.

**) Diese im Jonischen Meere liegenden Inseln sind zum Levantischen Handel sehr bequem, haben gute Seeleute und sind nicht unbedeutend. Corfu am Eingange des Adriatischen Meerbusens, hat einen guten Hafen und wird für den Schlüßel des Adriatischen Meers gehalten. Die Franzosen bemächtigten sich dieser Inseln schon im July 1797 und fanden daselbst 600 Kanonen und mehrere Kriegsschiffe. Im Laufe dieses Jahrs brach in der Folge auf Corfu und den übrigen Levantischen Inseln ein Aufruhr aus, welcher 2 Franz. Generalen und vielen Soldaten das Leben kostete.

rigo, ingleichen Butrinto, Larta, Vonizza ꝛc. sammt den übrigen Venetianischen Besitzungen in Albanien behielt Frankreich, Inhalts des 5ten Artickels; und was noch übrig war, nemlich der Theil gegen Westen und Süden ward zur neugemachten Cisalpinischen Republick geschlagen. — Um den Zusammenhang nicht zu unterbrechen, ist bisher der Republick Venedig und des wieder die Franzosen ausgebrochenen Aufstandes (s. S. 57 f.), von welchem Buonaparte Veranlaßung zu dem nachherigen Benehmen wider diesen Freystaat nahm, und welcher die Quelle ihres Untergangs wurde, nur im Vorübergehen gedacht worden. Es ist wirklich merkwürdig, daß, da die französischen Demokraten im Anfange des Kriegs erklärten, nur wider die monarchischen Staaten und Fürsten zu Felde zu ziehen, den Völkern Freyheit zu verschaffen, und Haß dem Königthume schwören, sie selbst die Urheber sind, daß ein Freystaat aus der Reihe der Mächte verschwindet, und dessen Länder größtentheils unter den Zepter des mächtigsten Monarchen kommen. Venedig *) hatte 1400 Jahre als Republik bestan-

*) Die Volksmenge des Venetian. Staats wurde zu 3 — 4 Millionen gerechnet und die jährl. Revenüen zu 12 Mill. Thaler. Die Stadt Venedig ist in jedem Betracht eine fürtrefliche Acquisition für das Haus Oesterreich. Es wird die 2te Stadt in der Monarchie an Größe, Bevölkerung und Reichthum, ein Meisterstück der menschlichen Industrie wegen seiner Lage auf dem Meere. Eine umständliche

bestanden, war seinen Nachbarn lange Zeit furchtbar gewesen, spielte eine der ersten Rollen in der Europäischen Politick, und hatte bis ins 16te Jahrhundert den blühendsten Handel. Nach und nach sank dessen Macht und die lange Ruhe versetzte es in eine Art von Sorglosigkeit und Ohnmacht. Es hatte vom Anfange des Franz. Rev. Kriegs die strengste Neutralität beobachtet und glaubte dadurch gesichert zu seyn. Aber in der Folge zog sich der Kriegsschauplatz auf dessen Gebiet, Franzosen und Kayserliche besetzten Vestungen und Städte, und vorzüglich war seit den Unfällen der Oesterreichischen Armeen ein grosser Theil von dessen vesten Lande in der Gewalt der erstern, welche Contributionen und Requisitionen darin ausschrieben und ein Anlehen nach dem andern von der Regierung begehrten, die aus Furcht vor

liche Beschreibung davon zu geben, würde überflüßige Mühe seyn, da es ohnehin als eine der merkwürdigsten Städte in Europa bekannt genug ist. Seine Lage macht es zu Wasser und Lande fast uneinnehm- und unangreifbar. Man rechnet 150,000 Einwohner. Das Zeughaus war, ehe es nun von den Franzosen ausgelert worden ist, äußerst merkwürdig; doch sind nicht alle Seltenheiten und Vorräthe geraubt worden. Es hat prächtige Gebäude und Plätze, worunter der St. Marcusplatz und Kirche die ersten sind, zählt 71 Pfarrkirchen, 12 Abteien, 59 Klöster, 41 Hospitäler x. Venedig kann die Grundlage zu einer See und Handelsmacht für die Oesterreichische Monarchie werden.

vor feindlicher Behandlung nicht abgeschlagen wurden, so daß deren Summe bald auf 14 Mill. anwuchs, welchen aber immer noch neue Forderungen nachfolgten. Wäre Venedig der Coalition vom Anfange beygetretten, hätte seine Kräfte zu thätigen Kriegsrüstungen verwendet, oder hätte sich nur noch, als Mantua unerobert da stand, mit dem Kayser verbunden, so wäre dessen Existenz gerettet gewesen, — aber so öfnete der Rath die Augen zu spat. Die Kriegsübel der neutralen Venet. Lande, welche der Kampfsplatz der streitenden Armeen geworden waren, machten endlich das Volk schwierig; und die Franzosen unterließen ihrer bekannten Gewohnheit nach nichts, die Mißmuthigen zu bestärken, und zu Abwerfung des Venetianischen Jochs und Erkämpfung einer eingebildeten Freyheit anzureitzen. Der Erfolg entsprach ganz ihren Absichten. In **Bergamo** brachen die Unruhen zuerst aus. Die Aufrührer zwangen mit Einverständniß des Franz. Commandanten, die Venetianische Besatzung nebst den obrigkeitlichen Personen, die Stadt zu verlassen, obgleich der größte Theil des Volks in gänzlicher Unwissenheit von dem war, was die Häupter der Empörung vorhatten. Man proklamirte, wie gewönlich, die Freyheit, bewafnete sich und zog nach **Brescia**. Mehrere Bürger dieser Stadt verbanden sich zwar mit der Garnison und widersetzten sich der mit Gewalt aufgedrungenen Freyheit, aber die von Bergamo aus verstärkten Revolutions-Freunde überwältigten sie und Brescia wurde würde ebenfalls revolutionirt. Andere Venetianische Städte, wie Crema, Peschiera, Verona, Vicenza erklärten sich nicht, ob gleich die von Bergamo die andern Städte und Provinzen in einer Proklamation zur Empörung und Abschüttlung des Venetianischen Jochs aufforderten. Der Venetianische Rath samt dem Doge konnten über die Maasregeln nicht einig werden, welche man nun zu nehmen hätte. Sie wußten, daß die Rebellen durch die Franzosen begünstigt wurden; sie sahen, daß alle Vorstellungen, wegen ihrer Neutralität beym Franz. Direktorio vergeblich seyn würden, und doch waren sie schlechterdings ungerüstet einen Krieg anzufangen, und der Zeitpunkt, wo es hätte geschehen sollen, war vorüber. Der in lange Ruhe versenkte Staat hatte an keine Vorsichtsregeln gedacht, er hatte einzig in der ohne Macht ziemlich ungewißen Neutralität, Sicherheit gesucht. Doch entschloß man sich zu ernsthaften Maasregeln. Zu Ende Merz erließ der Proveditore der Terra Firma, Battaglia eine Proklamation, worinen er die gutgesinten Einwohner aufforderte sich in Maße zu erheben, gegen die aufrührerischen Orte auszuziehen, und auch die Franzosen aus den widerrechtlich eingenommenen Städten zu vertreiben. Der Senat versprach eine Anzahl regulärer Truppen und das nöthige Geld dazu. Allein die ganze Zahl Truppen, die er zu Bezwingung der Rebellen zusammen bringen konnte, betrug kaum 8000 Mann, und bey Venedig standen nicht mehr als 6000, —

denen

denen es noch dazu an Erfahrung und den Bedürfnissen zu Führung eines Kriegs mangelte.

Auf den Aufruf des Proveditore griffen wirklich die Landleute und die treuen Bewohner von Salo zu den Waffen und zogen gegen die empörten Provinzen Brescia und Bergamo aus. Der erste Versuch auf Brescia mislang aber schon, weil die schlecht bewafneten Landleute gegen die Revolutions-Truppen nichts ausrichten konnten. Nun ließ aber die Regierung ein Korps regelmäsige Truppen unter dem Gen. Grafen **Fioravente** aufbrechen, welches sich bey obgedachten Salo am Gardasee lagerte Dem Plane nach sollten sich die Bergbewohner mit den Truppen vereinigen, und sodann angreifen; aber die Franzosen und neuen Republicken, welche Buonaparte zur **Hälfte** erschaffen hatte, nahmen sich nun öffentl. der Rebellen an, fielen in Vereinigung mit den Brescianern und Bergamenern, ehe die Bergbewohner zu Hülfe kommen konnten, über das Venetianische Militaire her, und zugleich wurde letzteres auch noch durch eine Französische Flotte auf dem Gardesee bey Salo angegriffen. Das Gefecht dauerte mehrere Tage bis zum 14. April, wo die Venetianer vertrieben und zerstreut wurden. Gen. Fioravante rettete sich mit weniger Cavallerie durch die Gebirge nach Venedig. Salo wurde eingenommen, geplündert, und bis auf wenige Häuser niedergebrennt. Nun war der Krieg zwischen den Franzosen und Venetianern erklärt, und verbreitete sich bald über alle

Theile der Terra Ferma. Das Glück der Kayserlichen im Tyrol erhöhte den Muth der Einwohner. Durch die Bedrückungen der Franzosen gereizt, griff alles, vorzüglich in den Provinzen Verona und Vicenza zu den Waffen. Die Nationalmaße wurde durchs Militaire unterstützt und stand gegen die Franzosen auf. Es fielen mehrere blutige Gefechte zu Rezzata und an andern Orten vor; die Venetianer eroberten Chiusa, tödteten die Franz. Garnison und erbeuteten ein Magazin. Die Franzosen verließen ihre bisherige Stellung bey Rivoli, retirirten nach Peschiera und begiengen die größten Grausamkeiten. Die bewafneten Venetianer, welche man auf 40000 rechnete, zogen hierauf gegen Verona, überfielen die daselbst unter Gen. Balland befindlichen Franzosen, tödteten viele und schloßen den Rest, etwa 3000, in die Zitadelle und Schlößer ein. Das Korps des Gen. Laudon war eben auch um diese Zeit (s. S. 57.) bis Verona vorgedrungen, und wenn nicht unglücklicher Weise für die Venetianer gerade der Waffenstillstand zwischen den Kayserl. und Französ. Armeen geschlossen worden wäre, so würde die Sache eine gewis günstigere Wendung genommen haben. Alleine nun hatten die Franz. Generale freie Hände ihre ganze Macht gegen Venedig zu wenden. Gen. Kilmaine sammelte aus allen Gegenden Italiens Truppen und bemächtigte sich an der Spitze von 15000 Mann des rechten Etschufers, und zugleich drangen die vereinigten rebellischen Brescianer und Bergamener mit den Truppen der Lombardischen Republicken und den Franzosen in 2. Korps von Salo hervor. Ein anderer Hause von 10,000 Franken unter den Generals **Victor** und **Lahoz** marschierte gegen Verona, entsetzte nach einigen hartnäckigen Gefechten ihre in den Schlössern belagerten Waffenbrüder und schloß darauf die Stadt selbst ein. Am 24. Apr. ergab sich Verona durch Kapitulation, nach welcher die in der Stadt befindlichen Truppen, worunter 4000 Soldaten waren, Kriegsgefangene wurden. Die Stadt wurde hiernächst geplündert und viele Menschen verloren ihr Leben. Am 3. May erfolgte die förmliche Kriegserklärung von Buonaparte, aus welcher ersichtlich war, daß mehr als 1000 Franzosen an einzelnen Orten ihr Leben verloren hatten. Die Französische Armee zog sich nun aller Orten zusammen und bald schätzte man ihre Stärke auf 60000 Mann. Vor dieser Uebermacht liefen die Landbewohner auseinander, die Franzosen besetzten Padua, Vicenza, Treviso ꝛc. überschwemten das ganze Venetianische Gebiet, entwafneten die Einwohner, plünderten, ließen viele angeblich an dem Tode der Franzosen schuldige Personen hinrichten, setzten außerordentlich starke Requisitionen und Contributionen an, wovon Bergamo und Brescia nicht einmal ausgenommen war, errichteten Munizipalitäten und formten alles bereits nach Französischen Model um. Ein starkes Korps rückte gegen Venedig an, und lagerte bey **Fusina** der Stadt gegen über. Zugleich

gleich brach in Venedig selbst die lauteste Unzufriedenheit aus, welche die Regierung bewog, 4 Mitglieder an Buonaparte zuschicken und um Frieden zu bitten; worauf ein sehr harter Vertrag *) zu Stande kam. Schon vorher hatten die Nobili eingesehen, daß das Ruder des Staats, welches sie in der 14 hundertjährigen Republick geführt hatten, nunmehro ihren Händen würde entwunden werden, und sie entschloßen sich also lieber zu freiwilligen Opfern. Den 4. May versammelte sich der große Rath; die Adelichen entsagten ihren bisheriger Regierungsrechten freiwillig, es wurde die Aufhebung des Senats, des Raths der Zehner und des großen Raths **) beschloßen, der Doge legte seine Stelle nieder, die 3 Inquisitoren wurden, wie Buonaparte es verlangt hatte, gefangen gesetzt und die Einführung einer Demokratischen Regierungsform beschloßen. Bis zum 12. May kam man damit und mit Errichtung einer Munizipalität zu Stande, worauf die neue Volks-Regierung prokla-

*) Die Hauptpunkte waren: 1) Errichtung einer demokratischen Verfaßung 2) Abtretung der meisten Provinzen. 3) Bezahlung von 12 Mill. Zechinen (Dukaten) an die Franz. Republick. 3) Entwafnung der Venetianer und Einräumung des Zeughauses an Buonaparte 4) freie Disposition der Franzosen über die Venetianische Flotte 5) Auslieferung der Staats Inquisitoren, nebst den 10 andern Gliedern des Senats, welche an dem Mord der Franzosen Schuld seyen.

**) Dieser bestand aus 2000 Edelleuten.

klamirt wurde. Am nemlichen Tage brach aber noch ein Aufstand von mehreren tausend Menschen, welche die Beybehaltung der alten Regierungsform verlangten, aus, der jedoch nach einigem Blutvergiesen gedämpft ward. Dieses gab um desto mehr Gelegenheit, daß die Franzosen Venedig bald besetzten. Am 15. May kamen 2000 und nach und nach mehrere bis auf 8000 in der Stadt an, und ein Reserve Korps von 10,000 unter Gen. Baraguey d'Hilliers stand in der Nähe. Die provisorische Regierung besorgte die Angelegenheiten, in der That aber hieng alles von den Befehlen Buonapartes ab. Venedig blieb ungewiß über sein Schicksal. Buonaparte schmeichelte den dasigen Revolutionsfreunden zwar, daß es eine eigne Republick bilden oder mit der Cisalpinischen vereinigt werden sollte, — es waren aber blose Vertröstungen. Der Friede zu Campo Formido klärte dessen Schicksal gänzlich auf. Venedig verschwand aus der Reihe selbstständiger Staaten. Vom 15. May an, wo die Franzosen die Stadt besetzt hatten, bis in Jenner 1798, wo die Kayserlichen einzogen, lebten erstere auf der Einwohner Kosten und erhoben außerordentliche Contributionen. Was Venedig Merkwürdiges hatte, was von Werth war, wurde fortgeschaft, so daß die Kayserlichen den Platz ausgelert übernahmen. Sie führten aus dem berühmten Zeughause 6000 fast lauter metallene Kanonen, 100,000 Flinten rc. und was sonst Seltenes vorhanden war, fort. Die Venetianische

netianische Flotte in 9. Linienschiffen, 12 Fregatten, 12 Corvetten und 18 Galeren bestehend, wurde ihr Eigenthum, und war bey der zerrütteten Franz. Marine kein kleiner Gewinn. Beym Abzuge nahmen sie noch die 4. berühmten metallenen Pferde *), die Hauptzierde des St. Markusplatzes mit, und zerstörten das berüchtigte Schiff Bucentaurus, auf welchem der Doge jährlich am Himmelfahrttage die Vermählung mit dem Adriatischen Meere feierte, — blos um des Gewinstes etwas Goldes willen.

Durch den Frieden zu Campo Formido ward die ganze politische Gestalt Italiens umgeschaffen. Es verschwanden Staaten, und ein neuer entstand. Modena, die Lombardey, die 3. Legationen Bologna, Ferrara, Romagna und die Republick Venedig hörte auf, und dafür proklamirte Buonaparte am 28. Juni 1797 die **Cisalpinische Republick** als einen freien und unabhängigen Staat. Die verschiedenen kleinen Republicken, welche bis dahin unter den Namen, Cis und Transpadanische, Cis und Transalpinische vorkamen, hörten auf. Die Cisalpinische Republick trat in die Stelle von Venedig, und besteht: aus der Lombardey, Mailand, Mantua, den Venet.

---

*) Kayser Nero brachte sie im ersten Jahrhundert nach Rom. Im 4ten ließ sie Constantin nach Constantinopel bringen, und als die Venetianer im 13. Jahrhundert Constantinopel einnahmen, brachten sie diese Meisterstücke nach Venedig, wo sie 600 Jahre die Zierde waren.

Venet. Provinzen, Bergamo, Brescia, Crema, Peschiera, dem Theil des Venetianischen gegen Westen und Süden; Modena, Maßa, Carrara und den Legationen Bologna, Ferrara und Romagna, ferner dem derselben mittelst einer Erklärung des Buonaparte vom 10. Okt. 797 einverleibten Veltlin, Cleven und Bormio. *) Das ganze wurde in 11 (20.) Departements eingetheilt, und da die Regierungsform ganz nach der Franz. Constitution eingerichtet werden mußte, so wurden anfänglich 2 Räthe von 80 und 40 Personen, sammt 4. Direktoren aufgestellt. Im Grunde blieb aber die Gewalt in den Händen der Franz. Gesandten, Commißaires und Generals; daher denn an der Einrichtung öftere Veränderungen vorgenomen wurden, und Revolutionen nach Pariser Model erfolgten. Das Ganze war noch wenig ruhig; Mißtrauen und Uneinigkeit herrschten. Das Volk mußte bey den immerwährenden Requisitionen und harten Bedrückungen mismuthig werden: denn die Französischen Truppen blieben auch nach geschloßenen Frieden im Cisalpinischen, ein Korps mußte die Republick in Sold nehmen, und zu so außerordentlichen Ausgaben reichten die nicht einmal noch gehörig regulirten Abgaben, die Aufhebung der meisten Klöster, Stiftungen und Bißthümer nicht hin. Der Flächeninnhalt dieses neuen Freystaats beträgt etwa

*) Diese Landschaften gehörten bisher zu Graubündten, folglich zur Schweiz.

etwa 1100 Geograph. Quad. Meilen, und die Bevölkerung 3,339,571 Seelen; ohngefehr soviel, als Venedig hatte, den 5ten Theil der ganzen Volksmenge Italiens, den schönsten, fruchtbarsten Theil dieses gesegneten Landstrichs.

Ob gleich die Republick nach im Innern nicht einmal ruhig war, so suchte sie sich doch unter Französischen Einfluße schon durch Länder Erwerbungen auf Kosten der Nachbarn zu vergrößern. Sie stiftete, nach der Vereinigung des Veltelins, Gährungen in den benachbarten 4. Schweitzerischen Landvogteyen, und machte Forderung auf das am linken Pouser liegende Gebiet des Herzogs von **Parma**. Der Herzog zu schwach der Macht der Franzosen und seiner bösen Nachbarin zu widerstehen, mußte es geschehen lassen, daß der ganze Strich Landes von Cisalpinischen Truppen in Besitz genommen wurde; — und diese ersten Schritte ließen den benachbarten Staaten für die Zukunft wenig gutes hoffen. *) Auch mit dem Pabste fieng die Republick bald Streitigkeiten an und machte Forderungen. Diese hängen jedoch mit den Unternehmungen der Franzosen

*) Die Republick erstreckt sich vom benachbarten Piemont auf der einen Seite bis ans Adriatische Meer und auf der andern bis an die Etsch. Durch Maßa und Carrara grenzt sie ans Mittländische Meer, und am Adriatischen hat sie den Ausfluß des Po nebst Rimini. Die Vestungen Ferrara, Mantua, Peschiera, Brescia, Bergamo, Urbino, Orcinovi, Pizzighitone, nebst Mayland, bilden in 2 Reihen eine Vormauer gegen die Kayserl. Staaten.

zosen wider den Kirchenstaat, welche ins folgende Jahr fallen, zusammen, daher deren Erzählung in den nächsten Theil gehört.

Die Republick Genua hatte, gleich Venedig vom Anfange des Kriegs die Neutralität beobachtet, welches sie aber so wenig, wie jenen Freystaat vor Bedrückungen sicherte. Es ist schon gelegentlich in den vorigen Feldzügen erwähnt worden, wie das Genuesische Küstenland und Gebiet, je nachdem das Glück die Kayserlichen oder Franzosen begünstigte, bald von diesem, bald von jenem besetzt worden sey. Wie es die Franzosen an andern Orten machten, so machten sie es auch hier: Genua mußte öftere Anlehn vorschiesen und die Forderungen an Lieferungen waren auch nicht gering. Als in der Folge die Kayserlichen unglücklich waren, und der König von Sardinien hatte Friede machen müßen, wurde der Ton der Franzosen in Genua viel gebieterischer; es zogen sich immer mehr Franken dahin und streuten den Saamen der Democratie aus. Die Nachricht, daß die Adelichen in Venedig ihren Rechten entsagt, und der Senat abgedankt habe, machte der Französisch-Gesinnten Parthey, an deren Spitze ein gewißer Vitaliani, welcher vom Gesandten Faypoult unterstützt wurde, stand, doppelten Muth. Es wurde am 22. May ein Aufstand erregt, worin jedoch die Demokraten den Kürzern zogen. Alleine der Franz. Gesandte hatte sogleich an Buonaparte geschickt, und es rückten 3000 Mann unter dem Gen. Casabianca und mit dem Vorwande, daß

Fran-

Franzosen gemishandelt und geplündert worden seyen, nach Genua vor. Die Aufrührer erregten am 24. May einen neuen Aufstand, und behielten die Oberhand. Die Revolution gieng nun ihren Gang wie zu Venedig. Es wurden hie und da schon Freyheitsbäume errichtet, und die Regierungsglieder mußten sich versammelen, um über die Frage zu berathschlagen, ob die Regierung demokratisch eingerichtet, der Adel, Titel ꝛc. abgeschaft und eine Volksregierung nach Franz. Muster eingeführt werden solle? Die Nähe der Franzosen und Faypoult machten die Frage natürlich bejahen. Es giengen Gesandte zum Buonaparte ab, ihm diese Entschließung bekannt zu machen, und am 6. Juny wurde ein Vertrag zu Montebello geschloßen, welcher in 11 Artickeln bestand und im wesentlichen enthielt: daß die Franz. Republick **Genua** seine Unabhängigkeit und Integrität garantire, die aristokratische Regierung abgeschaft und die demokratische nach Franz. Muster eingeführt sey; daß Munizipalitäten errichtet und bis zur Entwerfung und Einführung der Constitution die einstweilige Regierung aus 2 Räthen, einem von 300, dem andern von 150 und einer vollziehenden Gewalt von 12 Gliedern mit dem Doge an der Spitze bestehen solle; daß die katolische Religion gesichert sey, und Frankreich eine Schadloshaltung wegen der Austritte am 23 May in Genua erhalten solle. — Am 14ten Juny ward hierauf die demokratische Regierung feyerlich proklamirt, die Republick unter der neuen

Benen-

Benennung Ligurischer Freistaat gestiftet und die provisorische Regierung eingesetzt. Mit dieser Aenderung war jedoch der größte Theil des Volkes nicht zufrieden und es entstand zu Anfang Sept. eine Empörung in Bisagno, Bolcevera, Albaro, Fontana bona und den Reichslehen, welche vielen Menschen das Leben kostete, aber durch das Franz. Militaire endlich gedämpft wurde. Die Häupter der Empörten wurden erschossen, und die Reichslehen Torriglia, St. Stephano, Fosdinuova ꝛc. auch die Stadt St. Remo der Ligurischen Republick durch Buonaparte zugesprochen, — welche dadurch einen Zuwachs von 100,000 Menschen bekommen würde. Am 2ten Dezember wurde die entworfene Constitution förmlich angenommen und darauf das ganze Gebiet in 15 Distrikte und 150 Cantons eingetheilt. Der große Rath wurde auf 60, der kleinere zu 30 und das Direktorium auf 5 Personen bestimmt. Die Volkszahl des ganzen Staats belief sich auf 590,000 Menschen.

So war also, während Venedig verschwand, Genua selbst noch vergrößert worden, welches, wie die Cisalpinische Republick, Frankreich zu Gebothe stand. — Die Republick Lucca, obgleich durch innerliche Gährungen erschüttert, erhielt sich doch mitten in den Stürmen noch dieses Jahr hindurch in seiner alten Verfaßung.

Der König von Sardinien war nunmehro in seinem Fürstenthume Piemont mit lauter Demokratischen Republicken umgeben, und befand sich in einer sehr kritischen Lage. Sicherheit

und

und Zwang der Umstände veranlaßten Ihn, sich so genau als möglich an Frankreich anzuschließen, und Er wurde durch die Revolutions-Versuche desto mehr dazu bewogen. Schon im Februar wurde eine Verschwörung, an deren Spitze sich ein gewisser **Trombetta**, der sich für einen Agenten der Franz. Republick ausgab, befand, entdeckt und glücklich vereitelt. Dieses Complott hatte nichts weniger zum Ziele gehabt, als den König und seine Familie gefangen zu nehmen, und Piemont in eine Republick zu verwandeln. Das Franz. Direktorium wollte nun zwar, durch Bezeugung seines Abscheues, allen Verdacht zu entfernen suchen, daß Franzosen die Verschwörung angezettelt haben könnten, alleine der König wurde dadurch desto geschwinder zu dem Entschluße gebracht, den im Werke begriffenen Off- und Defensif Allianztracktat mit Frankreich abzuschließen, wodurch er den Beystand einer so mächtigen Nachbarin zu gewinnen, auch inn und äußere Feinde abzuschrecken glaubte. Der Traktat ward am 12. April 1797 wirklich unterzeichnet. Frankreich garantirte darin dem Könige seine Staaten nach dem Inhalte des lezten Friedensschlußes, machte Hoffnung zu einiger Entschädigung in der Zukunft, und versprach die innern Unruhen auf alle Weise mit unterdrücken zu helfen. Dagegen machte sich der König zu einem Hülfskorps von 10,000 Mann wider die Feinde Frankreichs anheischig. Indessen war auch dieses nicht hinreichend die Ruhe zu erhalten. Es schlichen viele Cisalpiner und Ligurier im Lande herum und warben Mißvergnügte und Revolutionssüchtige. Es gelang ihnen eine große Zahl Bewafnete mit Kanonen zusammen zu bringen. Asti wurde der Sitz der Empörung und des Revolutionsausschußes, und auch in Saluzzo rc. brachen Unruhen aus. Aber der Ernst der Regierung vereitelte die Plane der Verschwornen bald. Aller Orten mußte das Militaire und bewafnete treue Unterthanen gegen die Unruhstifter zu Felde ziehen und Strenge brauchen. Sie wurden von Asti vertrieben, vom Revolutionsausschuße aus 57, 56 aufgehängt, viele Anführer gefangen und gestraft, und so die Ruhe wieder hergestellt. Der Ueberrest flüchtete ins Genuesische, von wo sie drohten und durch Ueberfälle öftern Schaden zufügten. Der König ließ eine Generalamnestie, blos mit Ausnahme der Anführer, bekannt machen, und so wurde im Laufe des 1797 Jahrs der innere Friede erhalten. Auch der äußere war, bis auf einige Streitigkeiten mit der Cisalpinischen Republick ungestöhrt, und erst im folgenden Jahre brachen Mißhelligkeiten mit der Ligurischen Republick bis zu einem Kriege aus.

Der Pabst hatte, wie S. 114. des 5ten Theils angeführt worden, am 23. Juny 1796 zu Bologna einen Waffenstillstand mit Buonaparte geschloßen, dessen Bedingungen aber so hart waren, daß sich Se. Heiligkeit, nachdem ein Theil schon erfüllt war, mit dem Kayserl. Hofe verband, den Gen. Colli in Dienste nahm, und, während Mantua den Siegeslauf Buonapartes

noch

noch aufhielt, sich zum Kriege rüstete (s. oben S. 32). Alleine Colli fand bey seiner Ankunft die Päbstlichen Truppen in Verwirrung, ohne Disziplin und weichlich. — wie es in einem Staate, wo nur geistliche Waffen bisher gewönlich gewesen waren, nicht anders seyn konnte. Nachdem Buonaparte den F. Z M. Alvinzy (s. S. 34 — 36.) in der Mitte Jenner bey Rivoli geschlagen hatte, und den Fall von Mantua als gewis betrachten konnte, erklärte er in einem Manifeste vom 1. Febr. 1797 den Waffenstillstand mit dem Pabste für aufgehoben. Schon vorher hatte er, um die Päbstlichen Truppen indessen in Respeckt und von einer Diversion abzuhalten, aus allen Divisionen der Armee, ohne sie zu schwächen, einige Truppen, welche eine bewegliche Colonne bildeten, und wovon Bologna der Sammelplatz war, herausgezogen. Diese höchstens 4000 starke Colonne weckte durch die verschiednen Strahlen worauf sich die Truppen bewegten, die Meinung, als ob es ein Haufe von 15,000 Mann wäre, und erweckte Furcht in Rom. Als nun hierauf die Kayserliche Armee nach den erlittenen Unfällen dem Französischen General nicht mehr sogleich gefährlich werden konnte, eilte er nach Bologna und marschirte mit den dortigen Truppen nach Imola. Von da beorderte er den Gen. Vicktor nach Faenza, wo ein Päbstliches Korps von 4000 Mann den Fluß Senio und die Brücke vertheidigte, aber nach kurzer Gegenwehr, da die Franzosen den ausgetrockneten Fluß durchwadeten, die Flucht nahm.

Letztere machten 1000 Gefangene, tödteten 4—500 und eroberten 8 Fahnen nebst 14 Kanonen. Die Päbstlichen zogen sich nach dem wichtigen Hafen Ancona am Adriatischen Meere. Hierauf besetzten die Franzosen Forli, Ravenna, Cesina, Rimini, drangen in das Herzogthum Urbino und die Mark Ancona, führten in Ravenna und Urbino die republikanische Regierung ein, und machten bey Ancona 1200 Gefangene, die sogleich das Gewehr streckten, fanden auch 120 Kanonen und große Vorräthe. Ein Detachement gieng in der Nacht vom 9 — 10. Febr. nach dem berühmten und reichen Wallfahrtsort **Loretto**, und nahm, was sich noch von Schätzen weniges da befand, hinweg. Am 12ten zogen sie über Macerata und Tolentino in Umbrien ein. Sie waren noch 27. Stunden von Rom und 5 von **Spoleto**, wo General Colli mit den noch übrigen wenigen Päbstlichen Truppen stand. Es ward nun eine Congregation der Cardinäle gehalten, und darin beschloßen, eine Friedens-Deputation abzusenden um das drohende Unglück von Rom *) abzuwenden. Die Bevollmächtigten kamen am 16ten

Febr.

*) Man fürchtete sich in Rom, Buonaparte möchte einen Stolz in der Einnahme der alten Hauptstadt der Welt setzen und deswegen etwa keine Friedensvorschläge annehmen. Rom ist seit seiner Erbauung 750 Jahre vor Christi Geburt in allen 7 mal, zuletzt 1521 unter P. Clemens 7. durch Kayser Carl V. eingenommen worden. Seit jener Zeit hatte es Ruhe.

Febr. nach Tolentino, wohin sie Buonaparte beschieden hatte; die Unterhandlungen fiengen unter Vermittlung des Königs von Neapel in Gegenwart des Fürsten Belmonte Pignatelli an, und am 19ten Febr. wurde der sogenannte Tolentiner Friede, wie er aus der Note ersichtlich ist, abgeschloßen. *) So hart die Punkte dieses Friedens

*) Se. Eminenz, der Cardinal Matthei, der H. Galeppi, der H. Herzog Braschi, und der H. Marchese Massimi, als Bevollmächtigte Sr. Heiligkeit, — und der Obergeneral Buonaparte, und der Bürger Cacault, Gesandter der Französischer Republik in Italien, als Bevollmächtigte des Vollziehungs-Directoriums sind über folgende Punkte miteinander übereingekomen: 1) Freundschaft zwischen Pius VI. und der Französischen Republik. 2) Trennung von der Coalition, und Unterlassung aller Lieferungen an Frankreichs Feinde. 3) Abdankung der seit dem Waffenstillstand neuerrichteten Päbstlichen Truppen. 4) Verschließung der Häfen allen feindlichen Schiffen und Kapern. 5) Frankreich soll künftig in Rom eben dieselben Vorzüge genießen, wie vor dem Frieden, besonders in Ansehung seiner Gesandten, Consuln ꝛc. 6) Avignon und Venaissin werden förmlich an Frankreich abgetreten. 7) Eben so tritt der Pabst die Gebiete von Bologna, Ferrara und Romagna mit allen seinen Rechten ab, doch soll die catholische Religion aufrecht erhalten werden. 8) Die Stadt und Mark Ancona bleibt bis zum Frieden auf dem festen Lande von Franzosen besetzt. 9) Rom entsagt allen Ansprüchen auf die abgetretenen Länder. 10) Der Pabst zahlt den 5. März zu Foligno an der vom Waffenstillstand restirenden Summe von etwa 16 Mill. baar

dens waren, so both der an Ländern so sehr geschmälerte Kirchenstaat doch alle Kräfte auf die Bedingungen zu erfüllen. Die grossen Summen Geldes, welche in die Französischen Caßen floßen, verur-

10 Mill. Liv. und 5 Mill. in Diamanten und Pretiosen. 11) Als Nachtrag vom Waffenstillstand liefert der Pabst 800 Reit- und 800 Zugpferde, Schlachtvieh ꝛc. 12) Ueber das zahlt der Pabst in Pretiosen oder Geld 15 Mill., 10 Mill. davon noch im März, die 5 übrigen im April. 13) Manuscripte und Kunstsachen werden wie im Waffenstillstand bestimmt ward, abgeliefert. 14) Die Franzosen räumen Umbria, Perugia und Camerino, sobald der 10. Artikel vollstreckt ist. 15) Desgleichen Macerata, sobald die ersten 5 Mill. abgetragen, und 16) Fano und Urbino, sobald die übrigen 5 Mill. bezahlt, und die Art. 3. 10. 11. und 13. vollstreckt sind. 17) Frankreich tritt an den Pabst alle frommen Französ. Stiftungen zu Rom und Loretto ab, der Pabst aber alle seine Allodialgüter in Bologna, Ferrara und Romagna an Frankreich. 18) Genugthuung wegen des gemordeten Min. Basseville, und Bezahlung von 30,000 Liv. an die dadurch Beschädigten. 19) Losgebung der in Rom ꝛc. Gefangenen wegen politischen Meynungen. 20) Der General läßt alle Päbstliche Kriegsgefangene nach Hause gehen. 21) Freundschaftliche Behandlung Französischer Kaufleute. 22) Holland hat Theil an diesem Frieden. 23) Die Französ. Posten sollen zu Rom wieder in ihren vorigen Stand kommen. 24) Die Französ. Kunstschule in Rom soll erhalten werden. 25) Diese Artikel sind für immer, auch für die Nachkommen, verbindlich. 26) Bey Ratification dieses Traktats soll die größte Vorsicht und Sorgfalt gebraucht werden. Geschlossen im Hauptquartier zu Tolentino am 19. Februar 1797.

verursachten Mangel, Theurung und Unzufriedenheit. Eine starke Partei in Rom murrte wider den unglücklichen Frieden. In Jesi, Macerata und andern Theilen des Kirchenstaats bewafnete sich das Volk wider die Franzosen und schlug einzelne Haufen zu 30 — 40 todt, wogegen diese mit Gewalt die Insurgenten auseinander trieben, viele tödteten, Flecken und Dörfer plünderten und verwüsteten. An andern Orten brach hingegen die Empörung wider den Pabst selbst aus. Ein Theil des Herzogthums Urbino schickte Deputirte nach Reggio und verlangte Vereinigung mit der Cispadanischen Republick. In der Mark Ancona, zu Perugia in der Provinz Umbrien, in Todi, Spoleto bewafneten sich die Einwohner plünderten, raubten und mordeten. Zu diesen mannichfaltigen Drangsalen kamen noch häufige Verschwörungen in Rom selbst. Im Monat Merz wurde ein Complott entdeckt, welches 600 Personen stark war. Es wurden am 15. 16. Merz eine Menge davon arretirt, starke Patrouillen ausgeschickt, sogar die Thore des Päbstlichen Pallastes, des Vatikans geschloßen und Kanonen aufgeführt. So vorsichtig aber auch die Regierung war, so wäre doch zu Anfang August beynahe eine noch viel gefährlichere Rebellion, welche die Revolutionirung und Vereinigung mit den Italienischen Republicken zur Absicht hatte, ausgebrochen, wenn solche nicht glücklicher Weise eine Stunde vor dem Ausbruche verrathen worden wäre. Es wurden wieder viele Theilnehmer arretirt, viele flüchteten sich, alle Plätze und Wachen würden noch stärker als vorhin schon geschehen, besetzt, und die Engelsburg befestigt. Durch diese Maaßregeln erhielt sich die Ruhe bis Ende des Jahrs, wo die Ermordung des Franz. Generals Düphot, und die Forderungen der Cisalpinischen Republick leider! Veranlaßung zu dem nachmaligen Schicksale Roms gaben, welches der ehrwürdige Greis Pius VI. erleben mußte, das aber dem Kirchenstaate von den Franzosen längst vorbereitet war, und wovon der folgende Theil dieser Geschichte Meldung thun wird.

Der **König von Neapel** hatte zwar seit dem mit Frankreich geschloßenen Vertrag (s. S. 114 des 5ten Theils) äußerlich Friede; aber die gänzliche Umstaltung Italiens, die neuen democratischen Republicken, die bedenkliche Lage des Kirchenstaats und des Königs von Sardinien, dessen Existenz blos von Frankreich abhieng, mußten Unruhe in Ihm erwecken, und erforderten Vorsichtsregeln zur Selbsterhaltung und Sicherheit des Reichs. Man sah daher im Neapolitanischen fortdauernde Kriegsrüstungen, Bewafnungen und

*) Außer fremden raren Thieren, giebt ein öffentl. Blatt die Kunstwerke, welche die Franzosen aus Italien, das bisher die Schule für Künstler war, gezogen haben, und deren Verlust für diese Lande unersetzlich ist, nachfolgender Maaßen an. Sie sollen neml. bestehen in 228 Gemählden, 102 großen Statuen, 1295 Büsten, 2543 raren Büchern und Mannscripten, 1057 Merkwürdigkeiten aus der Naturgeschichte rc.

und Cordons gegen das Römische Gebiet. Jedoch blieb es in diesem Jahre blos dabey, und erst die nachhero in Rom erfolgte Umwälzung der Staatsverfaßung gab Veranlaßung zum Ausbruche.

Portugal rüstete sich in der bedenklichen Lage, in welche es durch die Spanisch-Französische Allianz (s. S. 136. des 5ten Theils) versetzt war, fortdauernd zum Kriege. Es brachte eine Armee von 30,000 Mann auf die Beine, welche Anfangs unter Commando des Herzogs d'Alafoens und Grafen Ega stand und mehrere Lager bezog, um der in Estremadura versammelten Spanischen Armee die Spitze zu biethen. Beyde Heere standen an den Grenzen und erstreckten sich von dem Tajo bis an die Guadiana. Zur See waren die Feindseeligkeiten bereits angegangen, die Spanier hatten den Portugiesen 2, und die Franzosen 1 Schiff genommen. Letztere drohten sogar noch mit einer Armee in Portugal, um es zum Frieden und die Englische Partei zu verlassen, zu zwingen, einzubrechen, und unterhandelten desfalls mit Spanien wegen des Durchzugs. Dagegen verließ sich Portugal auf den Beystand von Großbritannien. Während die Königin eine Eskadre von 5 Linienschiffen, 4 Fregatten und 2 Brigantinen unter dem Admiral Antonio do Vall nach Brasilien in Amerika zur Beschützung des Handels schickte, auch überhaupt die Seerüstungen eifrigst betrieb, kreuzte im Anfange 1797 der Engl. Admiral Jarvis mit einer ansehnlichen

Flotte

Flotte bey Lißabon und beschützte Hafen, Stadt und Küsten. England schickte 10,000 Mann (meist Emigranten) Hülfstruppen, welche verschiedne Forts bey Lißabon besetzten, und die Königin nahm den aus den vorigen Theilen dieser Geschichte *) rühmlichst bekannten K. K. General Fürsten **Waldeck** als Generalißimus in Dienste. So kritisch indessen die Lage des Königreichs gegen zwey überlegene Mächte, wie Frankreich und Spanien, war, so kam es doch nicht zum Ausbruche öffentlicher Feindseeligkeiten auf dem vesten Lande. Spanien, welches mehr durch Lage und Umstände bewogen, als aus freien Antrieb die Franz. Partey ergriffen hätte, zeigte wenig Ernst die Feindseeligkeiten anzufangen, suchte den bedenklichen Durchmarsch einer Franz. Armee, welche nur Revolution gepredigt haben würde, abzulehnen, und übernahm die Rolle eines Vermittlers zwischen Frankreich und Portugal. Es wurden Unterhandlungen angefangen, und alles aufgeboten, Portugal von der Englischen Allianz ab, und ins Franz. Interesse zu ziehen, dadurch aber den schon lange bezielten Zweck zu erreichen, und Großbrittannien die bisher genoßenen Vortheile in Handlungs-Angelegenheiten aus den Händen zu winden. Wirklich kam ein Friedenstracktat **) zwischen

*) Aus dem 1ten 2ten, wo er bey der Belagerung von Diedenhofen 1792 den linken Arm verlohr. Starb aber leider! in Portugal 1798.

**) Diesen wird der folgende Theil dieser Geschichte umständlich liefern.

zwischen dem Franz. Minister Delacroix und dem Portugiesischen Gesandten Ritter d'Aranjo zu Stande, an dessen Gültigkeit nur die Ratifikationen noch fehlten, welche auch von Seiten des Directoriums erfolgte, als auf die Nachricht davon in London im Oktober eine Englische Eskadre nach Lißabon geschickt wurde, und das wichtige Fort St. Julien besetzte, wodurch die Engländer Meister des Hafens von Lißabon und der Portugiesischen Schiffe wurden. Dieses, — ernstliche **Erklärungen** des Großbritannischen Gesandten, und weil die Englischen Hülfstruppen die wichtigsten Plätze bey der Hauptstadt inne hatten, brachte eine Veränderung in den Gesinnungen des Portugiesischen Hofes und Kabinets hervor, zumal da man Französischer Seits auf die Entfernung der beyden ersten Minister **Pinto** und **Melho** angetragen hatte Großbritannien versprach den thätigsten, verdoppellten Beystand, im Falle eines wirklichen Angrifs, und die Königin unterließ hierauf die Ratifikation des Vertrags und blieb noch ferner bey der Englischen Allianz.

Großbritannien blieb das Glück unter allen Gliedern der Coalition, so wie in den vorigen Jahren, also auch im 1797sten alleine treu. Dieses in seinen Resourcen unerschöpfliche Reich hatte an Spanien (s. S. 137 des 5ten Theils) einen neuen Feind bekommen. Statt aber, daß die vereinigte Seemacht Frankreichs, Spaniens und Hollands den Britten Besorgniße erweckt

hätte,

hätte, sahen diese vielmehr dieses Ereigniß als eine glückliche Gelegenheit an, ihren Ruhm zur See zu vergrößern, reiche Beute und Eroberungen zu machen. Der große Staatsmann und Minister Pitt blieb, Troz der innerlichen Unruhen, des Aufstandes in Irrland, der auf den Flotten ausgebrochenen Revolte, der Stürme von außen und der fürchterlichen Französischen Zurüstungen zu einer Landung in England, standhaft und sein Muth war auch dann noch unerschütterlich, als nach dem Frieden zu Campo Formio, England gegen das mächtige Frankreich fast ganz alleine auf dem Kampfplatze blieb. Die ungeheuren Summen zur thätigen Fortsetzung des Kriegs wurden, Troz der starken Auflagen, welche die Englische Nation *) bezahlt, mit größter Leichtigkeit zusammen gebracht, und konnten es bey dem Reichthume, welcher auf dieser Insel herrscht, auch leicht werden, da fast der ganze Allein-Handel von Europa in dessen Händen ist. — Großbritannien hat seine blühendste Epoque. — Die Landmacht wurde in allen 3 Königreichen ansehnlich verstärkt, Korps von Freywilligen und Landmiliz, welche mehrere 100,000 Mann betrugen, organisirt, und alles gegen eine etwaige Landung des Feindes an den Küsten in Vertheidigungsstand gesetzt. Die Flotten,

*) Ein Engländer bezahlt soviel als 10 Franzosen, 12 Türken, 14 Russen, 10 Schweden, 3 Holländer, 6 Oesterreicher, 5 Spanier, 9 Portugiesen.

ten, welche ohnehin zu einem außerordentlichen Grad von Stärke gebracht waren, wurden noch fortdauernd vergrößert. Ihre Stärke hatte im vorigen Jahre, (s. S. 136 des 5ten Theils) 607. betragen, war aber bis August auf 679, und zu Ende des Jahrs 1797. bis 702 vergrößert worden; eine Seemacht, welche noch niemals auf Gottes Meere gesehen worden. *)

Diese Macht überwog die Französische, Spanische und Holländische zusammen genommen um vieles, sicherte das Reich vor Einfällen, hielt die feindlichen Flotten in Unthätigkeit und blockirt, schützte

*) Die wirklich Dienst thuende Engl. Seemacht bestand aus 128 Linienschiffen von 64 — 115 Kanonen, 26 Schiffen von 50, 218 Fregatten von 32 — 44 Kanonen und 330 kleinern bewafneten Fahrzeugen. Die Anzahl der Offiziers betrug 2945, worunter 106 Admirals, 509 Kapitaines, 319 Befehlshaber, 2011 Lieutenants. Die große Flotte unter Admiral Bridport von 31 Linienschiffen kreutzte vor Brest, und blockirte die Französische Brester. Mit ihr war die Flotte des Lord Keith vereinigt, und außerdem kreutzten die Eskadren der Commodoren Stracham, Pelew und Borlose Warren an den Franz. Küsten. Jervis, nachheriger Lord St. Vincent blockirte mit 23 Linienschiffen die große Spanische Flotte in Cadix und Admiral Duncan mit 18 bis 21 Linienschiffen den Texel und die Holländische Seemacht. 13 Linienschiffe waren an den Englischen Küsten, die Macht in Westindien bestand aus 20 und in Ostindien und dem Cap aus 16 Linienschiffen. 23 Dreydecker befanden sich überdem noch in Commißion. Admiral Gardner war zur Deckung Irrlands stationirt.

schützte den ungeheuren Handel, und ließ die Spanier und Holländer, welche es wagten, sich in offener See zu zeigen, die Schwere des brittischen Muths hart fühlen.

Die große Spanische Flotte unter Admiral Langara war zu Ende vorigen Jahrs, wie S. 137 des 5ten Theils gesagt worden, unverrichteter Sachen nach Cadix zurückgekommen. Langara wurde Seeminister und **Don Cordova** erhielt das Commando der Flotte, welche ansehnliche Verstärkungen bekam. Sie bestand aus 27. Linienschiffen (das Admiralschiff Trinidad führte 130 Kanonen), 11 Fregatten, 6 Corvetten und einer Brigantine, welche zusammen 2212 Kanonen, auch viele Landtruppen am Bord hatten. Diese große Macht hatte Befehl nach Brest zu segeln, sich dort mit der französischen Flotte zu vereinigen und demnächst vereint einen großen Schlag auszuführen. Sie lief am 1. Febr. aus Carthagena aus und paßirte am 5. Febr. die Meerenge von Gibraltar. Der Englische Admiral **Jarvis** war, wie bereits beym Artickel von Portugal angeführt worden, den Winter hindurch bey Lißabon gewesen, seine Flotte bestand aber nur aus 15 Linienschiffen, welche zusammen 1232 Kanonen führten, folglich 980 weniger als die Spanische. Dieser Ueberlegenheit ohnerachtet, gieng Jarvis auf die erhaltene Nachricht, daß die Spanier ausgesegelt seyen, alsogleich in See und suchte seine Feinde auf. Er wußte ihre Stärke genau. Am 13ten Febr. waren die Flotten

ten nicht weit mehr entfernt, und am 14ten begann beym Cap St. Vincent an der südlichen Küste Portugals, eine große Seeschlacht, welche ganz zum Ruhm der Engländer ausfiel. In 2 eng geschloßenen Linien stießen die Engländer auf die Spanische Flotte, und griffen mit vollen Seegeln an. Die Spanische war, im Vertrauen auf ihre Ueberlegenheit, in 3 Abtheilungen getheilt, aber noch nicht in Schlachtordnung. Jarvis ließ ihr nicht Zeit dieses zu bewerkstelligen. In bewunderungswürdiger Geschwindigkeit durchseegelte er die feindliche Flotte und schnitt dadurch den 3ten Theil derselben ab. Nun entstand ein äußerst hitziges Treffen, welches sich erst mit der Nacht endigte. Einzelne spanische Schiffe fochten mit großer Tapferkeit; aber es fehlte gleich vom Anfange an Ordnung. Das Adm. Schiff Trinidad mit 7 andern Linien Schiffen drang vor, um dem Gefechte eine andere Wendung zu geben, alleine es war vergebens. Es wurde entmastet, durchlöchert und mußte die Seegel strichen, — wurde zuletzt aber doch noch durch 5 andere Spanische Linienschiffe gerettet, da der Englische Capitaine zu lange zauderte, es in Besitz zunehmen. Hingegen eroberten die Britten 4 andere der besten Linien Schiffe, den **Weltheiland** von 112, den **heil. Nikolaus** von 84., **heil. Joseph** von 112 und **heil. Isidor** von 74. Kanonen, — machten 3200 Gefangene und erbeuteten 382 Kanonen aufdemselben. Der Verlust der Spanier an Todten und Verwundeten betrug über 2000

Mann;

Mann; blos auf dem Admiralschiff Trinidad zählte man 400. Die Engländer hatten 300 Todte und Verwundete.

Durch diesen herrlichen Sieg, an welchen die Admirals Thompson, Waldegrave, Parker und Hawkins einen großen Antheil hatten, war der Spanisch-Französische Plan vereitelt, welcher darin bestand, daß die Cadixer und Brester-Flotten sich vereinigen und auch die Holländischen Schiffe *) dazu stoßen sollten; — mit einer Macht von 60 Linien Schiffen wollte man England sodenn an seinen Küsten angreifen. Die Spanische Seemacht war für diesen Feldzug vernichtet und die furchtbare Flotte kehrte nach Cadix zurück. Cordova verlor das Commando und Admiral Maßaredo ersetzte ihn. — Jarvis, welcher außer wichtigen Presenten zum Lord St. Vincent erhoben wurde, lief in die Lagosbay ein, setzte die Gefangenen ans Land, gab ihnen die Freyheit, und segelte hierauf auf dem Tajus wieder nach Lißabon. In kurzem waren die Schiffe ausgebeßert; er erhielt Verstärkungen bis auf 22 Linienschiffe, 10 Fregatten und mehrere Branders und erschien am 2. Apr. schon wieder vor Cadix, als die feindliche Flotte gerade auslaufen wollte. Jarvis ließ den Hafen blockiren, so daß kein Schiff aus oder ein konnte. Am 2. July

*) Am 1. July 1797 trat Holland förmlich der zwischen Spanien und Frankreich am 19. Aug. 1796 geschloßenen Allianz bey.

July wurde Cadix durch den kühnen Contre Admiral Nelson bombardirt, den Spaniern 3 Kanonen-Böte genommen und äußerstes Schrecken in dieser wichtigen Handelsstadt verbreitet. Am 5ten July wiederholte man das Bombardement auf die Stadt und Flotte mit ziemlichen Erfolge; alleine auf die guten Gegenanstalten des Admiral Maßaredo und Gen. Lieut. Gravina zog sich Nelson hierauf am 15ten in die Bucht von Cadix zurück. Die Blockade dauerte nun das ganze Jahr fort, und zog die größten Nachtheile für Spanien nach sich. Cadix ist das Hauptdepot der europäischen und kostbaren amerikanischen Waaren, und dessen Handel mit den übrigen Ländern in Europa äußerst wichtig und beträgt viele Millionen. Durch die Blockade von Cadix war die ganze Schiffart gehemmt, das Getraidte und alle Lebensmittel stiegen außerordentlich im Preise, die reichen Mexikanischen Kauffartenflotten und Schätze aus Amerika waren der größten Gefahr ausgesetzt, der Credit verschwand, die Königl. Caßen wurden leer, das Papiergeld sank mehr und mehr und die Unzufriedenheit mit dem gegen England angefangenen Kriege ward immer lauter. Dieser Uebel ohnerachtet machte Maßaredo dennoch keine Bewegungen aus Cadix auszulaufen und die Engländer zu vertreiben. Man ließ es vielmehr ruhig geschehen, daß die Engländer im Monat May 2 reiche Schiffe mit dem zurückkommenden Gouverneur von Cuba, im Juli 4 reiche Schiffe von der Retourflotte von Neucarthagena

thagena in Südamerika, wovon eines mit 2 Mill. Dollars beladen war, später das kostbar beladene Schiff purißina Conception und zu Ende des Jahrs durch die Fregatte Aurora wieder 5 Kauffarthenschiffe mit kostbaren Ladungen u. s. w. nahmen. Außer diesen unglücklichen Umständen verloren die Spanier auch noch die durch Produkte, Lage und sonstige Vorzüge wichtige Insel St. Trinidad *) in Amerika. Dieser Verlust war von großer Bedeutung, da Trinidad der Sammelplatz der Spanischen Kauffarthey und vorzüglich Registerschiffe und der Schlüßel des Mexikanischen Meerbusens ist. Die Britten bedrohten nun die Goldgrube Spaniens Südamerika und dessen Westindischer Handel war verrichtet. Der Engl. Admiral Harvei und Gen. Lieut. Abercrombi waren am 12 Febr. von Martinique ausgesegelt, und kamen am 16ten im Meerbusen von Paria an, wo der Span. Admiral D. Seb. Ruiz de Apodaca mit 4 Linienschiffen und 1 Fregatte lag, aber keinen Angriff abwartete, sondern die Eskadre in Brand steckte, wovon die Britten aber noch ein Schiff von 74 Kanonen retteten und in Besitz nahmen. Am 18ten Febr. darauf kapitulirte der Gouverneur D. Chacon und die ganze Colonie begab sich in Engl. Schutz. Man machte auf der Flotte 1702 Seemanschaft und die

*) Sie liegt zwischen dem Spanischen Meere und der Insel Tabago, ist 62 Meilen lang, und 52 breit, ohngefehr halb so groß als Jamaika. Sie erzeugt Zucker, Toback, Ingwer, Indigo, Baumwolle rc.

die Garnison 584 Mann stark zu Gefangenen. Außerdem wurde eine zahlreiche Artillerie und große Vorräthe erbeutet.

Nicht so glücklich lief der Angriff des Generals Abercrombie auf die Spanische Insel **Portorico** ab. Die Engländer landeten am 17. Apr. mit 6000 Mann Landungstruppen auf 68 Schiffen. Der Spanische Gouverneur D. Ramon de Castro hatte aber gleich nach dem Ausbruche des Kriegs die Stadt in Vertheidigungsstand setzen lassen und die aus 3500 Mann bestehende Besatzung war in beßten Umständen. Der Angriff der Engländer lief also fruchtlos ab, und Abercrombie schifte sich mit Verluste von etwa 200 Mann wieder nach Martinique ein.

Eben so unglücklich fiel die Unternehmung wider **Teneriffa**, die vorzüglichste der Canarischen Inseln, aus. Lord St. Vincent detachirte von der Blockirungsflotte vor Cadix den muthvollen Contreadmiral **Nelson** mit 3 Linienschiffen und 4 Fregatten, auf denen sich etwa 1000 Mann Landungstruppen befanden. Diese landeten am 24. July auf Böthen bey **Santa Crux**, bemächtigten sich eines Forts und drangen, des fürchterlichen Span. Feuers ohnerachtet, bis in die Stadt. Allein die Zitadelle war mit 8000 Spaniern und 100 Franzosen besetzt, folglich unangreifbar. Man hatte vergessen, vorhero erst zuverläßige Kundschaft über die Stärke der Spanier einzuziehen. In dieser kritischen Lage wurde Capitaine Hood an den Commandan-

ten

ten D. Juan Antoine Gutierrez abgeschickt und ihm eine Capitulation dahin angetragen: daß, wenn er die gelandeten Engländer frei und auf Spani. Booten (da die Englischen zertrümmert waren) wieder abziehen lassen wolle, sollte Nelson der Stadt weiter kein Leid zufügen, würde man dieses aber nicht zugestehen, so müße man die Spanier mit dem Bajonette angreifen und Santa Crux in Brand stecken. Die Spanier giengen diese Capitulation ein, und erlaubten den Engländern auch noch Lebensmittel und frisches Wasser einzunehmen. — Nelson verlor bey dieser Unternehmung den rechten Arm. Der tapfere Capitaine Bowen nebst 44 Mann wurde getödtet, 105 verwundet, und 97 versanken mit dem Kutter Fox.

Zu Ende des vorigen Jahrs war die Lage der Engländer auf den Westindischen Inseln vortheilhaft und blieb es auch, bis auf St. Domingo, in dem 1797sten. Im nördlichen und südlichen Theile letzterer Insel war die Zwietracht zwischen den Weißen und Schwarzen den Engländern günstig, es hatte sich auch der Neger General Jean Francois mit dem Engl. Gen. Forbes wider die Franzosen und Spanier vereinigt. Die feindlichen Versuche gegen St. Jeremie waren mit beynahe 1000 Mann Verlust abgeschlagen worden, und Rigaud, Anführer der Neger im südlichen Theile der Insel hatte sich auch gegen den Franz. Commißaire Santhonax erklärt. Nachmals aber änderte sich die Lage sehr. Die Engländer griffen die Franzosen im Monat Merz an, diese

waren

waren aber bis auf 28,000 Mann verstärkt worden, und wurden von den Generals Desfourneux, Toussaint Louverture und Michel kommandirt. Die Britten wurden geschlagen und verloren fast alle Stellungen im Norden, auch die bey Grande Riviere. Hierauf rückte der Franz. General gegen Mirebalais und die Forts von Buisson und Rodrillon, eroberte sie, tödtete etliche 100 Engländer und wendete sich sogar gegen Port au Prince. Hierdurch wurden die Engländer bewogen, die meisten Posten bis auf das wichtige Cap St. Niklas Mole zu räumen. Sie machten aber dafür desto mehrere Priesen, wie denn blos im Aprill die Fregatte Harmonie von 44 Kanonen nebst 36 Franz Kapers und Prisen in den Buchten von St. Domingo aufgebracht wurden. In der Folge waren auch die Englischen Truppen auf der Insel wieder glücklicher. Ein 2ter Sturm, welchen die Franzosen am 20. Apr. auf das Fort Irois und andere Plätze auf Jeremie unternahmen, wurde mit nahmhaften Verluste abgeschlagen, und die Belagerung, welche der Feind im May unternehmen wollte, dadurch vereitelt, daß die Franz. Schiffe, welche das Geschütz und andere Vorräthe zuführen sollten, weggenommen wurden. Die Engl. Generäle Simon und Churchill eroberten hierauf am 2. Juny Mirebalais wieder und zwangen den Feind die Belagerung von St. Marc aufzuheben, wobey mehrere Kanonen erobert und Feinde in den Fluß gesprengt wurden. Die Britten behaupteten sich nun, zumal bey ihrer Uebermacht zur See, sowohl auf St. Domingo, als auf den übrigen Westindischen Inseln, brachten die reichsten Kauffartheyflotten mit Westindischen Produkten nach England, und nahmen die meisten Franz. Capers in jenen Gewässern. *)

Holland, oder die **Batavische Republick** war fortdauernd in mehrere Partheyen getheilt, und die innere Ruhe wurde in diesem Jahre einigemahle durch Empörungen gestöhrt, welche aber von den Französischen Truppen bald gestillt wurden. Der Verlust der Ostindischen Besitzungen, der gänzliche Verfall des Handels, die zunehmende Noth, der Druck der Franz. Vormundschaft und die Ungewisheit der Regierungsform ɛc. alles trug bey, die Holländer unzufrieden zu machen. Noch kam aber ein großes Unglück dazu, nemlich die fast gänzliche Vernichtung der Flotte, worauf so viele Kosten verwendet worden, und auf welche man die einzige Hofnung noch setzte. Der Englische Admiral Duncan hatte über 5 Monate lang den Texel blockirt und die Holländische mit Landungstruppen zu einer Expedition versehene Flotte in Unthätigkeit gehalten, so daß die Truppen sogar wieder ausgeschift werden mußten. Zu Anfang Octobers segelte er mit dem größten Theile der Flotte, bis auf einige Beobachtungsschiffe unter

*) Die Bedrückungen des Handels der Nordamerikanischen Freystaaten von Seiten Frankreichs, gaben zu weitaussehenden Irrungen Anlaß, welche vielleicht noch in einen Krieg ausbrechen könnten.

unter Capitaine Trollope nach Yarmouth, um frischen Proviant, Munition und andere Nothwendigkeiten einzunehmen, auch die Holländische Flotte in See zu locken. Dieses glückte ihm auch. Die Holländische Flotte 15 Linienschiffe, 6 Fregatten und 6 kleinere Kriegsschiffe stark, mit 1032 Kanonen am Bord, unter dem Admiral Winter und den Vice Admirals Reyenties und Story verließ wirklich den Texel, gieng in See, hielt sich aber an den Holländischen Küsten. Am 9. Oct. wußte Duncan schon das Aussegeln der Holländer und stach noch am nemlichen Tage äußerst schnell mit 14 Linienschiffen und einigen Fregatten in See. Er nahm seinen Zug, vollkommen von dem der Holländer unterrichtet, in einer solchen Richtung, daß er sich zwischen der feindlichen Flotte und Küste legte und die Holländer also kein Mittel hatten der Schlacht auszuweichen. Am 11ten Oct. um 9 Uhr stieß er auf die feindliche Flotte, und griff zuerst die Arriergarde an. Um 12 Uhr durchsegelte er die Holländische Linie an 2 Punkten, die getrennten feindlichen Schiffe kamen in Unordnung und wurden einzeln von den Engländern angegriffen. Das Treffen (weil einzelne Holländische Schiffe tapfer fochten) wurde sehr blutig und hartnäckig. Das Holländische Admiralschiff **Vryheit** wurde entmastet, der Herkules gerieth in Brand, und beyde mußten die Seegel streichen. Gleiches Schicksal hatten andere 7 Linienschiffe: Jupiter von 74, Gleichheit, Harlem, de Vries von 68., Waßenaer von 64, Alkmaar und

und Delft von 56 Kanonen, (letzteres versank aber nachmals an den Küsten von Norfolk,) ferner die Fregatte Monnikendam von 44 und eine andere von 32 Kanonen. Die Engländer brachten also 10 Kriegsschiffe als Siegeszeichen und Zuwachs ihrer Seemacht nach Hause. Der Admiral Winter wurde ein Gefangener von Duncan, und der Vice-Admiral Reyntjes mußte sich dem Engl. Vice Admiral Onslow ergeben. Reyntjes starb in der Gefangenschaft. — Die Niederlage der Holländer war total; von 27 Kriegsschiffen kamen nur die Kleinern, in dem elendesten Zustande unter dem Vice Admiral Story zurück. Der Verlust der Engländer war größer, als in allen bisherigen Seeschlachten, er betrug an Todten und Verwundeten beynahe 1000 Mann, jener der Holländer aber über 1800. Es war ein schröckliches Schauspiel der Zerstörung und des Elends.

Durch den Verlust dieser Seeschlacht war der Holländische einst so blühende Handel, die fast einzige Nahrung des Landes dahin, die Seemacht zerstöhrt, und die Küsten fortdauernd blockirt, so daß kein Schiff ohne Gefahr aus oder einlaufen konnte. Die Goldgrube Hollands Ostindien und dessen Handel war und blieb in Englischen Händen. Sie hatten die Herrschaft über alle dortige Meeresgegenden und alles, bis auf das in Schrecken gesetzte Batavia, war in ihrer Gewalt. *)

Frank-

*) Wie wichtig die im vorigen Jahre durch Admiral Raynier eroberten Moluckischen oder Gewürzinseln

Randa

Frankreichs Seemacht wurde, so wie die Spanische und Holländische, in den Häfen blockirt gehalten, und versuchte es im 1797 Jahre auch nicht, den Britten die Spitze zu biethen. Es konnte daher auch keine entscheidende Schlacht vorfallen, und ereigneten sich blos Gefechte einzelner Schiffe. Der Französische Handel war, so wie der seiner Alliirten ganz gelähmt. Vom Anfange Jenners bis in Dezember nahmen die Engländer 109 Französische Kapers mit 860 Kanonen. Die Zahl der gefangenen Franzosen in England belief sich auf 35000, wogegen nur 1500 Engländer in Frankreich waren. Mit den Spanischen und Holländischen Gefangenen hatte Großbritannien 50,000. Auf Madagascar nahmen die Britten das Fort Foul Point und 5 Kauffarthenschiffe. Der Verlust dieser Facktoren war für Frankreich deswegen wichtig, weil Isle de France ihre Vorräthe von daher zog. — Unter den vielen Prisen, welche gemacht wurden, und wobey sich die Engländer auszeichneten, will man nur einige anführen. Admiral Parker eroberte bey Jamaicka 12 Schiffe; Admiral Warren

Banda und Amboina seyen, läßt sich daraus abnehmen, daß die Holländer jährlich für 8. Mill. Spezerey und Materialwaaren nach Europa brachten. Raynier fand daselbst 310 Kanonen, viel Silber, 516,000 Pfund Gewürznägeln, 19500 Pfund Mußkathenblüthe, eine erstaunende Menge Pfeffer, Ingwer rc. — Auch im 1797 Jahre fiel den Engländern ein reiches Bataviaschiff 200,000 Dollars an Werth beym Cap in die Hände.

ren nahm 7 von Nantes zur Bresterflotte bestimmte Transportschiffe mit Lebensmitteln, verbrennte eine Corvette von 12 Kanonen und machte die feindliche Fregatte Calliope stranden. Die Fregatte Aurora nahm im Dezember 2 Kapers, und die Fregatte Phöbe eine französische von 36 Kanonen und 320 Mann. — Der Seeheld Sidney Schmid (S. 135. des vor. Theils) hatte auch das Glück aus dem Temple zu Paris zu entkommen.

Eine sonderbare Erfindung von den Franzosen war die, daß sie auf verschiedenen Fregatten gegen 1500 Galeeren Sclaven an den Englischen Küsten ans Land setzten, um sich solche Theils vom Halse zu schaffen, Theils durch ihre Erscheinung an den Küsten Schrecken zu erwecken. Alleine man erkannte bald was es sey, schickte die meisten wieder an die Franz. Küsten und eroberte sogar dabey verschiedne Schiffe, welche sie gebracht hatten.

Die von Frankreich in Dünkirchen ausgerüstete Unternehmung wurde ebenfalls zum Nachtheile des Feindes vereitelt. Eine Flotille von 22 Transportschiffen mit Truppen und einer Anzahl Kanonen Boote unter Commando eines gewißen Muskin, sollte nach Boulogne segeln, dort verstärkt werden, und dann an ihre Bestimmung gehen. Aber kaum hatte sie die Rhede von Dünkirchen verlassen, so scheiterte ein Schiff; die Engländer, welche aufgelauert hatten, fielen von allen Seiten darüber her, nahmen einen Theil der:

derselben und ein anderer rettete sich in den Hafen zurück, oder nach Calais. Dünkirchen wurde hierauf blockirt.

So fortdaurend glücklich England indessen auch gegen seine Feinde war, so wies es doch Friedensvorschläge nicht von der Hand. Auch in diesem Jahre arbeitete man wieder daran. Während der Friede mit dem Kayser unterhandelt ward, wurde zwischen England und Frankreich ein Congreß zu Ryßel (Lille) eröfnet, welcher jedoch fruchtlos ablief, da es dem Directorio nie Ernst damit gewesen war; wie auch die Franz. Forderungen beweisen. Man wollte, wenn der Friede auf dem vesten Lande hergestellt seyn würde, mit ganzer Macht über England herfallen und es zu selbstgefälligen Bedingungen zwingen. Der König sandte auch diesesmal den Lord Malmesbury, welcher am 4 July in Lille ankam. Von Seiten Frankreichs waren Anfangs Letourneur und Maret, nach der Revolution vom 4. Sept. aber Bonnier und Treilhard. Diese kamen mit solchen Forderungen zum Vorschein, daß die Unterhandlungen plötzlich abgebrochen wurden und Malmesbury am 18. Sept. nach London zurückgieng. Das Directorium verlangte 1) die Zurückgabe aller Eroberungen, welche England von Frankreich gemacht hatte. 2) Die Zurückgabe aller eroberten Schiffe und Entschädigung für die in Toulon verbrennten 3) die Entsagung des Titels König von Frankreich 4) Eine Aenderung in der sogenannten Navigationsakte. 5) Die Zurück-

gabe

gabe alles dessen was von Spanien erobert worden und die Abtretung von Gibraltar. 6) Die Zurückgabe von Ceylon, des Vorgebürgs der guten Hoffnung und aller anderen Eroberungen an Holland, ferner aller Schiffe, die zu Prisen gemacht oder in Beschlag genommen worden.

Es muß in der That auffallend seyn, wenn man die glänzenden Siege der Englischen Flotten erwägt, und vernimmt, daß der Geist der Unruhe in diesem Jahre unter den Englischen Matrosen herrschte, und bis zu fürchterlichen Empörungen ausbrach, während man gegen äußere Feinde den größten Gehorsam bezeigte. Man hatte bisher wol Fälle von Unruhen auf einzelnen Schiffen gehabt, aber eine förmliche Revolte auf einer ganzen Flotte davon war kein Beyspiel vorhanden. Es erregte daher um so mehr Erstaunen und Besorgniße in Großbritannien, als auf einmal am 15. Apr. auf der aus 16 Kriegsschiffen bestehenden Canalflotte des Adm. Bridport, und zwar auf allen Schiffen zugleich, auf ein gegebenes Zeichen der Aufstand ausbrach. Die Matrosen erklärten, daß sie nicht eher in See gehen würden, bis ihnen ihre Forderungen bewilligt wären, bemächtigten sich der Böte, Gewehr und Proviantkammern und setzten einen Ausschuß nieder, welcher aus 2 Delegirten von jedem Schiffe bestand. Ihre Haupt-Forderungen waren: Erhöhung des Soldes von 22 ½ zu 30 Schilling monatlich, beßeres Gewicht, Maas und Qualität des Proviants und mehrere Frey-

heit.

heit. Nachdem der König den Matrosen diese Forderungen bewilligt hatte, schien der Aufstand gedämpft zu seyn, als er am 24. Apr. unter dem Vorwande, daß das Parlement die Königliche Bewilligung noch nicht confirmirt habe, noch fürchterlicher ausbrach. Adm. Howe und die förmliche Parlamentsackte wegen der Solderhöhung stillten jedoch endlich den Aufruhr ganz, und Adm. Bridport segelte am 17. May ruhig an seine Bestimmung. Kaum war diese Empörung gedämpft, als nach und nach auf folgenden Flotten ein ähnlicher Aufstand ausbrach. Nemlich 1) auf der nach Portsmuth zurückgekommenen Flotte des Adm. Curtis, 2) auf der aus der Nordsee zurückgekommenen Flotte des Adm. Duncan. 3) Auf der nach Portsmuth zurückgekommenen Flotte des Lord Seymur. 4) Auf der Fregatten Eskadre des Sir Borlose Warren zu Plymuth 5) auf 4 andern Linienschiffen zu Plymuth 6) auf dem L. Schiff Intrepid zu Portsmuth 7) auf der Flotte des Adm. Pringle auf dem Vorgebürge der guten Hofnung, 8) auf den Linienschiffen Sandwich, Insiexible, Monmouth und Montagu zu Scheerneß. Dieses wurde die gefährlichste und fürchterlichste Rebellion, indem aus Chatam und Yarmuth Schiffe dazu stießen, und ihre Zahl bis auf 24 anwuchs. Der Sandwich war der Hauptsitz der Rebellion. Ein Matrose Namens Parker nahm den Titel eines Presidenten der Delegirten an, es wurden die größten Exceße begangen, sie verließen Scheerneß, postirten sich bey dem

More

More und blockirten die Mündung der Themse. Da keine vernünftigen Vorstellungen nützten, war man genöthigt, Gewalt zu gebrauchen. Man beorderte Landtruppen, besetzte die Küsten, errichtete Oefen zu glühenden Kugeln um die Schiffe damit zu beschiesen und sammelte eine Flotte unter Admiral Gower, um sie zur See anzugreifen. Diese Anstalten machten Eindruck auf die aufrührerischen Matrosen. Am 13. Juni ergaben sich auf einmal 9 Schiffe und am 14ten lieferte die Schiffsmannschaft den Parker selbst aus. Dieser wurde hierauf am 30. Juni gehenkt, mehrere Urheber der Empörung hatten das nemliche Schicksal, und eine große Zahl verurtheilte man zu andern Strafen. — So wurde die Ruhe auf diesen Schiffen und auf allen Flotten glücklich und dauerhaft wieder hergestellt.

Waren diese Empörungen bedenklich gewesen, so waren die fortdauernden Unruhen in Irrland, die geheimen, gefährlichen, mit fürchterlichen Planen umgehenden Gesellschaften in England, (die aber glücklich entdeckt wurden) die Lage der Bank, welche auf einige Zeit die Zahlungen einstellte, — und der für Großbritannien zu sehr ungelegener Zeit zu Stande gekommene Friede zwischen dem Kayser und Frankreich, nicht weniger bedenkliche Umstände. Obgleich aber alle diese Schläge zusammen kamen, so konnte doch nichts die Standhaftigkeit Pitts erschüttern. Er führte das Ruder des Staats durch alle Stürme eben

so

so weise als glücklich. Obgleich der langwierige kostbare Krieg die Englische Nationalschuld außerordentlich vergrößerte (s. S. 140 des 5ten Theils), so stand doch der Credit des Reichs höher als je, wovon der klärste Beweis der war, daß Pitt das Anlehen von 18 Millionen Pfund Sterling (432 Millionen Livres), welches zu den auf 27,647,640 Pfund Sterling (beynahe 670,680,000 Livres) berechneten Kosten fürs 1797ste Jahr erforderlich war, in wenigen Tagen beysammen hatte, und man als sicher abnehmen kann, daß selbst aus Frankreich 36,000,000 Livres, und aus Holland ebenfalls beträchtliche Summen dazu gegeben worden sind. So überwiegend vortheilhaft also auch der Finanzzustand Frankreichs rücksichtlich des Großbritannischen im Rathe der 500 geschildert wurde, da nach Franz. Angabe die Englische Nationalschuld, mit einer Bevölkerung von 10 Millionen Menschen, auf 9600, die Französische mit 30 Millionen Bevölkerung aber nur zu 4820 Millionen Livres, das zirkulirende baare Geld in England auf 600, in Frankreich hingegen zu 1600 Mill. Livres berechnet wurde, so muß man doch, der glänzenden Worte ohnerachtet, sein Geld in England vor sicherer gehalten, folglich mehr Zutrauen zu der großbritannischen als französischen Regierung gehabt haben. Und in der That, wie kann ein wahres Vertrauen zu einer Regierung möglich seyn, die weder Festigkeit, Dauer, noch Gewißheit hat. Wo eine Partey die andere verdrängt, wo so viele Jahre, so viele neue Revolutionen und veränderte Regierungsformen geboren worden sind, wo kein Beamter des Lebens sicher ist: Von 76 Presidenten der National-Convention sind 18 guillotinirt, 8 depordirt, und 22 für vogelfrey erklärt worden; 4 wurden maßakrirt und nur ohngefehr etliche 20 sind noch am Leben. Alle diejenigen, welche zweymal Presidenten waren, sind auf eine schauderliche Weiße umgekommen. Das nemliche gillt von den Gliedern der National-Convention. — Durch die Revolution bis zum Frieden mit Oesterreich ist in Frankreich die ungeheure Zahl von 22,000 Gesetzen gegeben worden, und gleichwol ist Mangel an brauchbaren Gesetzen. Philosophen machten große Versprechuugen, aber wie konnte die der Richter erfüllen! Man fühlte die Unzulänglichkeit während der 8 Jahre, wollte verbeßern, und so entstand die so große Menge von dunkeln, unzusammenhängenden, widersprechenden Dekreten. Jeder Tag erzeugte ueue Begebenheiten und dieser neue Systeme!

Einige

Einige Druckfehler und Zusätze.

Seite 11, Zeile 2, von unten, statt Anfangs bey der lese man: im Anfange der.

— 16, — 13, statt Frieden: Friede:

— 19, — 1, der Note lese man statt räumen: zu räumen.

— 19, — 5, der Note von unten statt der den: der.

— 30, — 13, von unten statt Milliarten: Milliarden.

— 35, — 7, statt zur: zu.

— 40, — 14, der Note statt entkamen: entkam.

— 40, — 7, der Note von unten, setze man zu: andere öffentliche Blätter geben die Zahlen des Franz. Gewinnstes von 1793 bis 1797 anders, zum Theil noch höher an, neml. 261 Siege, worunter 31 große Schlachten, 152000 an Todten, und 197,784 an Gefangenen. Erobert seyen worden 338 veste Plätze oder wichtige Städte, 519 Forts, Läger oder Redouten; erbeutet 7963 Stück Geschütz, 186762 Flinten, 4,388,150. Pfund Pulver, 207. Fahnen, 5486 Pferde.

— 49, — 8, statt May: Merz.

— 71, — 3, Note von unten statt dem: den.

— 76, — 8, Note, statt dem Erzherzog Carl und der Erzherzogin Christine: der Erzherzog Carl und die Erzherzogen Christine.

— 77, — 16, Note statt er: eher.

— 79, — 2, statt ihre Despoten: Venetianische Despoten.

— 80, — 9, statt wieder: wider.

— 81, — 7, der Note, statt ausgelert: ausgeleert.

— 83, — 4, statt andern: übrigen.

— 85, — 16, statt Balland: Battaud.

— 112, — 15, statt verrichtet; vernichtet.

Inhalts-

Inhalts-Anzeige.